MÉTODOS ÁGEIS E GESTÃO DE SERVIÇOS DE TI

Bruno Souza de Oliveira

MÉTODOS ÁGEIS E GESTÃO DE SERVIÇOS DE TI

BRASPORT

Editor: Sergio Martins de Oliveira
Diretora: Rosa Maria Oliveira de Queiroz
Gerente de Produção Editorial: Marina dos Anjos Martins de Oliveira
Editoração Eletrônica: Abreu's System
Capa: Trama Criações

O48m Oliveira, Bruno Souza de
Métodos ágeis e gestão de serviços de TI / Bruno Souza de Oliveira – Rio de Janeiro: Brasport, 2018.

ISBN: 978-85-7452-870-0

1. Administração de projetos 2. Tecnologia da informação 3. Comunicação e I. Título

CDD: 658.404

Ficha Catalográfica elaborada por bibliotecário – CRB7 6355

BRASPORT Livros e Multimídia Ltda.
Rua Teodoro da Silva, 536 A – Vila Isabel
20560-005 Rio de Janeiro-RJ
Tels. Fax: (21)2568.1415/3497.2162
e-mails: marketing@brasport.com.br
vendas@brasport.com.br
editorial@brasport.com.br
www.brasport.com.br

Filial SP
Av. Paulista, 807 – conj. 915
01311-100 São Paulo-SP

Agradecimentos

Aos meus pais, pelo apoio, pela dedicação e pelo incentivo ao meu crescimento pessoal e profissional. Aos meus colegas de profissão, que durante todos esses anos de experiência, compartilhando desafios e ideias, foram peças fundamentais e inspiradoras para a elaboração deste livro – afinal, conhecimento se constrói em equipe.

"Quanto aos métodos, pode haver mais de um milhão deles, mas são poucos os princípios. O homem que souber os princípios pode selecionar com sucesso os próprios métodos. O homem que testar os métodos, ignorando os princípios, certamente terá problemas".

Ralph Waldo Emerson

Apresentação

De onde nasceu este livro? Durante minha trajetória profissional sempre trabalhei em equipes de desenvolvimento de software, começando como programador de sistemas. Com o passar dos anos, por incentivo de um dos meus líderes, comecei a estudar metodologias de gestão de projetos. Este, por sua vez, me presenteou com um livro que aborda o Sistema Toyota de Produção. Foi onde tudo começou.

Após anos estudando e aplicando diversas metodologias de desenvolvimento de projetos, percebi que as práticas ágeis estavam mais aderentes com a realidade do desenvolvimento de sistemas de informação. Os cenários apresentados raramente tinham um escopo definido. Além disso, o contexto do mercado exigia rápida capacidade de resposta e adaptação, entre outros diversos fatores.

Em certo momento de minha trajetória profissional deparei com o desafio de gerenciar um setor de suporte e implantação de sistemas de informação, ou seja, tive a oportunidade de ver e conviver com o outro lado, o de gestão de serviços de tecnologia da informação e comunicação (TIC).

Lembro que, no início, foi assustador para mim constatar o desencontro de objetivos que existiam entre as áreas, pois verifiquei que elas não se comunicavam como deveriam. Com essa mudança, iniciei os estudos de metodologias de gestão de serviços de TIC, pois precisava entender melhor como funcionava esse novo cenário. Durante os estudos que avançaram, e com a experiência prática que obtive, pude perceber que existia uma semelhança muito grande entre os "valores" das metodologias ágeis com as de gestão de serviços de TIC.

A partir de então, iniciou-se a estruturação de equipes de desenvolvimento, implantação e suporte de sistemas de informação, com base nas boas práticas ágeis, acompanhada de processos de gestão de serviços de TIC. Os anos se passaram e grandes resultados foram alcançados com um novo entendimento acerca dessa dinâmica, segundo a minha percepção, de que sistema de informação também pode ser considerado serviço!

Com base nos resultados práticos da aplicação desse conceito, nasceu a motivação de escrever este livro, para que todos os profissionais da área de tecnologia da informação e comunicação possam refletir sobre o assunto.

Não se tem a pretensão de apresentar um *framework*, pois acredita-se que os processos são elaborados com base em estratégias que estão alinhadas segundo o contexto de cada organização. Nessa seara, o leitor vai encontrar muitas reflexões em seu caminho, as quais versam sobre os conceitos de gestão de projetos e formação de equipes ágeis. **Este livro não vai preparar o leitor para qualquer certificação, não é esse o objetivo.**

Juntas, as bibliotecas de boas práticas para gestão de serviços de TIC e as metodologias ágeis devem mudar seu conceito de gerenciamento de projetos de sistemas da informação. Aliás, em um ambiente prático, sistema de informação é um projeto ou um serviço?

Sobre o Autor

Bruno Souza de Oliveira, Engenheiro de Computação graduado pela Pontifícia Universidade Católica do Rio Grande do Sul (PUCRS), pós-graduado em Gerenciamento de Projetos com Ênfase em Tecnologia da Informação pela PUCRS, MBA em Gestão Estratégica de Tecnologia da Informação pela Fundação Getúlio Vargas (FGV), Especialista em Informática em Saúde pelo Hospital Sírio Libanês e Mestrando em Gestão, Informática em Saúde pela Universidade Federal de São Paulo (UNIFESP). Possui as certificações ligadas aos temas de gestão de projetos, informática em saúde e gestão de serviços de TIC.

Já coleciona alguns anos de experiência trabalhando com projetos de tecnologia da informação, tendo passado por áreas de desenvolvimento, implantação, operação e processos. Nessa trajetória, implementou boas práticas de gestão e liderou grandes equipes utilizando metodologias como *eXtreme Programming* (XP), *Scrum*, *Kanban*, *Lean*, *PMBOK® Guide* e ITIL®.

CIO (*Chief Information Officer*) e cofundador de empresa com foco na área de informática em saúde.

Prefácio

Gostaria de primeiramente esclarecer os meus objetivos nesta seção; caso não queira seguir, sinta-se à vontade para pular para o que lhe interessa. Se continuar, tenho certeza de que vai aproveitar algo.

A reflexão que proponho aqui é falar sobre pessoas e processos e mais adiante encaixar isso no contexto do livro como um todo.

Desde muito tempo as pessoas trabalham e um mínimo de processo sempre existiu. Primeiros relatos datam de mestres artesãos na Idade Média até a ascensão da burguesia e a Revolução Industrial. Com isso, gostaria de derrubar o argumento de que processos são burocráticos e não agregam valor. Eles buscam unificar a forma e trabalho e com isso aumentam a produtividade e a qualidade dos produtos gerados.

Processos fazem parte das indústrias e do nosso cotidiano. Por exemplo: por que ficamos na fila do ônibus ou do caixa do supermercado? São procedimentos simples já aceitos em nossa cultura. Em alguns países, fila não é uma cultura adotada, logo não há processo definido para isso. Funciona? Provavelmente existe outra rotina adotada por eles, mas uma vez acostumados com o sistema de preferência por ordem de chegada fica mais fácil se comportar (exceto quando houver uma simpática senhorinha atrás).

Normas e formatos de trabalho não precisam ser necessariamente burocráticos e lentos, eles devem servir para agilizar a forma de trabalho, torná-la intuitiva, comunicada, assimilada pelas pessoas. Não creio que bons administradores e gerentes devam ser contra processos, mas, sim, a favor da melhor adoção e melhoria contínua destes. Falar que processos são pesados e engessados a meu ver é desculpa para não ter um conhecimento mais amplo e buscar o que cada prática tem de melhor. Tudo pode ser adaptado e deve ser melhorado continuamente, depende mais de como as pessoas estão abertas a aprender e a se adaptar.

Uma forma de construir processos é via estudo de melhores práticas. Para ser inovador não é preciso criar coisas novas, pode-se adaptar o que já existe para um novo contexto. Por exemplo, podemos utilizar as boas práticas de algum guia, tais como ITIL® e *PMBOK® Guide*, formatá-las às nossas necessidades e montar nossos processos (sob o risco de sermos julgados e apedrejados por homens e mulheres de pouca fé em praça pública, mas não desistimos facilmente).

Após muitas horas de estudo e avaliação com as equipes, chega-se a uma solução razoável para os problemas, um modelo enxuto que servirá para minimizar nossos desperdícios e aumentar nossa assertividade. No entanto, processos não são autômatos com vida própria e perfeitos; por mais indefectíveis que pareçam no papel, eles são executados por aquilo que Vroom[1], Schein[2] e Bennis[3] denominaram *Homo Complexus*, e aí está a maior dificuldade que as empresas enfrentam. Tanto a definição dos processos como a execução destes ficam ao encargo de pessoas, com suas virtudes, fragilidades e humores.

Por incrível que pareça, nos dias de hoje algumas empresas ainda acreditam nas teorias do início do século XX definidas na Administração Científica, onde os gerentes definiam a melhor forma de fazer e os empregados apenas a executavam. Graças a autores como Mayo[4], Herzberg[5] e Maslow[6], começa-se a entender que gestão de pessoas é algo bem mais complexo devido a diversos fatores, tais como motivações, personalidades e interesses distintos dos indivíduos envolvidos no trabalho.

Neste movimento de ver empregados como pessoas que podem colaborar com o crescimento da empresa e a evolução dos processos, existem inúmeras empresas, das quais tenho preferência pela Toyota. Esse gigante do ramo automobilístico iniciou sua caminhada no final do século XIX como uma empresa

---

[1] Referência do livro "Work and Motivation", 1964.
[2] Referência do livro "Organizational Psychology", 1965.
[3] Referência do livro "Changing Organizations", 1966.
[4] Referência do livro "The Human Problems of an Industrial Civilization", 1968.
[5] Referência do livro "Managerial Choice", 1959.
[6] Referência do *paper* "A Theory of Human Motivation", 1943.

de teares da família Toyoda. O segredo para chegar ao topo se chamava *Kaizen*, que hoje é difundido como melhoria contínua.[7] Além disso, seu sistema de produção tem na sua cultura o trabalho em equipe, a valorização das ideias das pessoas e um foco alto em qualidade. Ou seja, implanta-se um processo, experimenta-se com as pessoas, identificam-se oportunidades de melhoria, aplicam-se as sugestões, etc. Trata-se de um ciclo que conhecemos também como PDCA (*Plan, Do, Check* e *Act*), baseado em *feedback* contínuo e planos de ação.

Esses conceitos utilizados na Toyota foram atualizados e melhorados com outros estudos e hoje figuram entre tendências nas empresas, tais como *Management* 3.0 e *Scrum*. Essas metodologias pregam entrega contínua, times auto-organizáveis, evolução constante e ciclos curtos. Um ambiente bem planejado, com um bom processo, faz as pessoas terem melhor qualidade de vida e ficarem mais motivadas, pois se orgulham de fazer coisas legais e contribuir com isso ativamente. Isso é um ciclo do bem: melhorar o ambiente, apostar nas pessoas para que elas possam realizar seus sonhos e trabalhar felizes, dando mais ideias inteligentes e assim por diante.[8]

No entanto, as pessoas erram, os processos falham e sempre terão oportunistas apontando o dedo e falando "antes de implementar o método X isso nunca aconteceu, agora nada mais funciona". Se o leitor está buscando uma bala de prata, o método perfeito, sugiro buscar um romance em vez deste livro, lá está o final feliz com a bela dama vivendo feliz para sempre com o príncipe encantado. Caso esteja disposto a fazer algo legal, esteja disposto a falhar e se orgulhe disso, você está lendo o livro correto. Aqueles que não erram nunca aprendem.

Trabalhar com processos e pessoas é muito desafiador e algumas vezes é necessário enfrentar gente com pouca fé e com pedras nas mãos. Mas não desista, algumas vezes é preciso mudar a cultura ou ter que influenciar pessoas para a mudança – a adoção de práticas não é algo instantâneo e aceito por todos. Nesse caso o desafio não é processual; pense que talvez seja importante mudar a abordagem, utilizar seus *soft skills*, tais como empatia e negociação, para poder atingir seus objetivos. Para tanto, recomendo a leitura de autores como Robert Cialdini, Robert Fisher e William Ury.

---

[7] Reproduzido do livro "How Toyota became #1", 2007.

[8] Adaptado do livro "Management 3.0", 2011.

Este livro é destinado a pessoas que querem fazer o melhor, evoluir seus processos e as pessoas ao redor, mesmo que tenha que falhar muitas vezes para chegar lá. Ter um trabalho do qual se orgulhar e tempo para apostar nos seus sonhos fora do expediente, em vez de passar horas ridículas em frente ao computador para cumprir planejamentos malfeitos e processos ineficazes.

Nos próximos capítulos serão apresentados conceitos já utilizados e provados pelo autor em diversas situações – talvez sejam as mesmas situações que você enfrenta, sendo possível aprender e evoluir com elas. Mas tenha em mente antes de seguir adiante para a parte legal do livro: deve-se estar predisposto a falhar para aprender e adaptar, deve-se ter a coragem de dizer que algo está errado e apresentar um plano de ação. Errar não é um problema. Insistir nos mesmos erros ou não se questionar o que poderia ser melhorado são graves indícios de má gestão. Se temos um acordo, convido você a entrar no assunto principal do livro. Espero que se divirta tanto quanto eu e possa aplicar (ou adaptar) o que será explicado nos próximos capítulos.

Tenha uma boa leitura :)

Andrei Oliveira da Silva
Gerente de Projetos, PMP, CSM, CAP, ESP, MsC

Sumário

Introdução

A tecnologia é o grande e barulhento motor da mudança.
Autor desconhecido

Não é novidade para os profissionais da área de Tecnologia da Informação e Comunicação (TIC) a revolução que o setor tem causado em diversas outras áreas desde a década de 1980. Segundo Van Bon, ao longo das últimas décadas o setor de TIC mudou drasticamente, com o surgimento de diversas outras possibilidades e preocupações que inexistiam anteriormente.[1] As rápidas e constantes mudanças de cenários e contextos organizacionais conduzem ao nascimento de diversas boas práticas como sugestão para encarar essa nova realidade.

Em um mundo de mudanças rápidas e constantes, a TIC passou a ser um grande diferencial competitivo para as organizações, sendo necessário adaptar seus processos de forma a responder rapidamente a alterações estratégicas e ao comportamento de seus clientes. Com base na análise dos números divulgados por diversas fontes que pesquisam projetos de tecnologia, percebe-se que a maioria dos respectivos projetos de TIC acaba não alcançando seus objetivos, pois apresenta erros de escopo, atrasos nos cronogramas de entrega, etc.

É preciso mudar! Desconheço uma definição melhor para insanidade do que a apresentada por Albert Einstein: "insanidade é continuar fazendo a mesma coisa e esperar resultados diferentes". As equipes responsáveis por desenvol-

[1] Reproduzido do livro "IT Service Management", 2002.

vimento de sistemas de informação precisam refletir sobre as metodologias utilizadas em seus projetos, com vistas a estar constantemente inspecionando e se adaptando. Não é suficiente olhar apenas para o desenvolvimento do sistema sem a preocupação com o pós-projeto, eis o ponto. É necessário manter o serviço em seu correto e perfeito funcionamento após sua entrega e, principalmente, zelar pela satisfação do cliente, mantendo um elevado grau de relacionamento com ele, garantindo, dessa forma, a qualidade constante dos serviços prestados, pois é nesse momento que será observado e avaliado o valor do serviço entregue.

Gerenciar projetos de sistemas de informação, incluindo conceitos de gestão de serviços, fortalece valores definidos nas metodologias ágeis, sendo uma das alternativas para garantir um melhor atendimento aos clientes, gerando, certamente, resultados mais rápidos e consistentes. Enfim, espero que este livro possa fazê-lo refletir profundamente acerca da matéria, ajudando-o, de alguma forma, no seu dia a dia de trabalho.

Boa leitura!

1. E depois de entregar o projeto?

Você alguma vez já fez essa pergunta logo após ter entregue um projeto de software? Se nunca se perguntou, é provável que alguém, ou alguma área da sua empresa, seja responsável por essa etapa pós-projeto. No entanto, raramente as equipes se comunicam – e, quando ocorre tal comunicação, ela normalmente tem como causa a ocorrência de algum problema.

Como você tem planejado a implantação e a sustentação dos sistemas que estão sendo entregues ao cliente? Alguma vez esses assuntos fizeram parte dos seus projetos de desenvolvimento de software? Se a resposta for "não", é muito provável que tenha problemas oriundos da falta de planejamento dessas importantes etapas.

Desenvolver o sistema é apenas uma parte de todo o processo, pois é fundamental prever e analisar todas as fases que se sucederão a partir do início do desenvolvimento. Você já se perguntou se a documentação que tem produzido em tempo de construção do software é útil? Se ela é apenas utilizada para conceber as funcionalidades de seu sistema, como fica o suporte? Quem prepara a documentação para que um *call center*, por exemplo, possa responder as dúvidas dos usuários? Em verdade, na grande maioria dos projetos, a equipe de desenvolvimento, que deveria estar focada na evolução do produto, acaba assumindo a função de suporte em todos os níveis do serviço. Esse efeito traz como consequência o aumento do tempo de resposta para o usuário final e a redução da capacidade de evolução do produto, por experiência prática.

Outro ponto muito importante é a implantação dos serviços disponibilizados. Esse processo tem ligação direta com os conceitos de gestão de mudanças e deve ser analisado de forma cautelosa. Pequenas falhas aqui podem gerar grandes resistências ao software disponibilizado. Por exemplo: para implantar um módulo de prescrição médica em um hospital, basta instalar o serviço? Evidentemente que a resposta é não! É necessário realizar treinamentos, disponibilizar documentações didáticas, realizar ações de sensibilização (*endomarketing*), etc.

Normalmente, em um primeiro momento, um processo de mudança gera redução de produtividade. Esse espaço de tempo deve ser reduzido ao máximo, fazendo com que os usuários conheçam o serviço o mais rápido possível. Por exemplo: ao adquirir um novo carro, com mais recursos, é necessário que o comprador reaprenda a utilizar as funcionalidades do veículo. No início, não deverá conseguir ajustar o rádio na mesma velocidade feita no veículo antigo, no entanto, superada a fase inicial, deverá dominar perfeitamente as funcionalidades do novo carro adquirido.

Com o passar dos anos e os constantes avanços da tecnologia, novas metodologias estão sendo aplicadas, as quais têm o intuito de responder mais rapidamente às mudanças, encontrando soluções mais rápidas, criativas e eficientes. DevOps, por exemplo, é uma grande evolução em relação à necessidade de pensar infraestrutura como código, tendo como maior objetivo a automatização dos procedimentos operacionais.

Enfim, é necessário que sejam criteriosamente planejadas todas as demais etapas do ciclo de vida do serviço.

1.1. Implantação de sistemas de informação

Por que a área de desenvolvimento de sistemas deve incorporar o processo de implantação? Isso não deveria ser uma atribuição de responsabilidade do solicitante do sistema?

A fase de implantação do serviço é, certamente, uma das etapas mais importantes de todo o fluxo de desenvolvimento, pois é nesse momento que se define a estratégia de publicação. As metodologias de gestão de serviços de TIC evidenciam a etapa implantação, também conhecida como transição de serviço, demonstrando o valor dado para esse momento.

Por experiência prática, implantações de novos serviços envolvem infraestrutura, processos, pessoas e questões culturais. Todas essas variáveis precisam ser consideradas na condução da etapa de transição de serviço. Por exemplo, segue uma pequena análise de implantação de um módulo de prescrição médica em um hospital imaginário A:

- **Infraestrutura:** o hospital "A" deve possuir salas de prescrição médica por unidade de internação, as quais devem ser compostas por um conjunto de computadores em rede, suficientes para suportar o volume de prescrições médicas elaboradas diariamente.
- **Processos:** no hospital citado foram identificadas diferenças significativas no processo atual, totalmente realizado em papel, em comparação com o novo processo proposto. As respectivas mudanças devem gerar treinamentos para certificação digital, aquisição de *tokens* para os médicos e leitores de *tokens*. O fluxo de impressão de papéis deve reduzir em 50%, gerando economia para o setor.
- **Pessoas:** no modelo atual, o hospital "A" é composto por 200 profissionais para execução do trabalho, os quais, com a implantação do novo modelo, acabam sendo mais bem distribuídos com vistas a otimizar o processo. Dentro desse cenário, a equipe poderá ser reduzida.
- **Cultura:** localizado em uma região tradicional, profissionais do hospital "A" trabalham há mais de 20 anos na instituição seguindo o mesmo processo. Recomenda-se uma fase de sensibilização com foco na vantagem da mudança.

O exemplo anterior refere-se apenas a um pequeno esboço da importância do planejamento da fase de implantação, tendo em vista a diversidade de situações identificadas – e é evidente que a análise deve sempre respeitar os objetivos do serviço proposto. Uma implantação bem realizada reduz drasticamente os níveis de resistência e insatisfação por conta da mudança e, além disso, traz como consequência uma redução importante no volume das chamadas de suporte.

Deixar essa responsabilidade apenas com o solicitante do sistema não é uma boa abordagem, pois, normalmente, este não possui conhecimentos suficientes para conduzir a implantação de um sistema. O solicitante deve participar do processo de implantação, mas não pode estar sozinho. A equipe deve planejar essa fase em conjunto com o solicitante.

1.2. Suporte ao sistema de informação

Suporte de sistemas: você já ouviu falar nisso? Por mais estranho que possa parecer, um suporte bem planejado deve mostrar o real valor do produto entregue. É preciso analisar algumas características dos serviços que estão sendo desenvolvidos, no sentido de compreender qual é a estrutura de suporte que se faz necessária, como, por exemplo:

- Disponibilidade.
- Capacidade.
- Nível de serviço.
- Continuidade do serviço.

Os quatro itens mencionados neste exemplo serão abordados com maior profundidade nos capítulos seguintes. A ideia aqui foi apenas passar uma pequena visão de pontos fundamentais que deverão estar presentes no planejamento da publicação de um novo serviço.

Um suporte mal planejado pode gerar um nível indesejado de prejuízos. Trabalhe com entregas curtas e busque o mais rapidamente possível o *feedback* dos seus usuários. Sempre que você não está aprendendo, seu tempo está sendo desperdiçado (*Just in Time*). Use a estrutura de suporte também para colher respostas e adapte-se o mais rapidamente possível.

1.3. Sistema é um projeto ou um serviço?

É provável que você já tenha escutado que todo projeto tem início, meio e fim, não? Caso tenha ouvido, ótimo! Caso contrário, esteja certo de que a definição é essa mesmo. No entanto, reflita um pouco. Nos últimos anos, você conhece algum projeto de sistema de informação que chegou ao seu fim?

Conforme citado na introdução, vive-se em um mundo de constantes mudanças que exigem rápidas adaptações. Tal contexto se reflete diretamente em nossos sistemas de informação, pois a transformação digital dos fluxos de informação gera a frequente manutenção destes. Logo, pergunto: quem responde mais rapidamente a tais alterações tem vantagem sobre o seu concorrente? A resposta é: com certeza!

Durante minha trajetória profissional, pude perceber que os escopos de "projetos" de sistemas estão cada vez mais indefinidos, normalmente devido a fatores relacionados às frequentes mudanças que ocorrem, somados ao aumento das possibilidades tecnológicas, aos diversos cenários que se instalam no caminho, dentre outros. Existe uma grande dificuldade em encontrar projetos de sistemas de informação com o escopo definido; todavia, é importante mencionar que talvez, em ações de migração de tecnologia, fosse possível se aproximar da definição desse escopo. No entanto, com toda certeza, pode-se afirmar que mesmo assim este também sofrerá ajustes e modificações.

Com o cenário de constantes mudanças supracitado, trabalhar em um projeto para criação de um software com escopo definido, se for possível, seria uma boa abordagem? Caso o escopo realmente não tenha modificações (utopia?), não deve haver problemas. No entanto, os resultados que obtive até aqui em atividades de trabalho e pesquisas me conduzem a confessar uma queda pela visão ágil e por uma eficiente gestão de serviços de TIC, onde são realizadas entregas curtas, priorizadas conforme a estratégia organizacional e com foco no rápido resultado. Pequenas entregas geram a possibilidade de rápidos *feedbacks* do produto, alimentando um ciclo de melhoria contínua com foco no alcance do objetivo pelo qual o sistema de informação foi criado.

E agora, o sistema é um projeto ou um serviço? Essa questão nos faz pensar um pouco em todo esse cenário, mas a resposta é que pode ser qualquer um dos dois. Apesar de preferir a visão de sistema como serviço, o mais importante, sem dúvida, são os resultados alcançados. Logo, independentemente de sua visão, foque nos seus objetivos. É possível ter várias abordagens – por exemplo, por que não considerar cada entrega um microprojeto? Ok, mas nesse caso são considerados os esforços de implantação e sustentação necessários para o microprojeto disponibilizado? Veja que a ideia de serviço é incluir algumas preocupações nesse contexto, tendo em vista que normalmente os setores de desenvolvimento de sistema não fazem esse tipo de planejamento.

Fique atento a todo o fluxo de produção de um sistema e não se esqueça de nenhuma fase. Lembre-se de que o esforço de desenvolvimento apenas será visível quando este for publicado para o uso do cliente final; logo, será nesse momento que o "valor" do produto será percebido. Ilustra-se a questão com um exemplo: você, como um bom conhecedor de café, ficou sabendo que uma cafeteria localizada na sua região possui uma das melhores sementes de café (produto). Animado depois de um excelente almoço, você corre até a tal cafeteria para tomar esse maravilhoso café. Porém, apesar da semente ser uma das melhores, o café demora a chegar, pois a cafeteria está lotada e possui poucos funcionários para atendê-lo (gestão da capacidade?). Enfim o café chega! No entanto, você, ao tomar, constata que foi servido gelado!

Veja, nesse exemplo, que, mesmo tendo um ótimo produto, a gestão do serviço é fundamental para que o produto seja entregue de forma adequada, maximizando o seu valor para o cliente final.

2. O que é uma equipe?

Nenhum de nós é tão esperto quanto todos nós.
Phil Condit

Você pode estar se perguntando nesse momento: o que isso tem a ver com gestão de serviços de TIC e métodos ágeis? E a resposta é "tudo"! É fundamental entender que a base de sucesso das boas práticas ágeis está justamente na formação de uma verdadeira equipe.

Para obter uma melhor compreensão sobre a importância da equipe, vou fazer um comparativo com o futebol. Primeiro reflita sobre a seguinte pergunta: qual é o objetivo do goleiro em uma equipe de futebol?

Essa parece ser bem fácil de responder, não? Claro que o objetivo do goleiro é defender o seu gol. Simples, não?

Agora mude a pergunta: qual é o objetivo do atacante em uma equipe de futebol? Continua bem fácil de responder, não é? O objetivo do atacante é fazer gols! Até aqui tudo muito simples.

Entretanto, aprofundando o sentido de equipe, agora vou para a verdadeira resposta: o objetivo do goleiro, do atacante ou de qualquer outro jogador de uma equipe é VENCER o jogo! O papel do goleiro é defender e do atacante é fazer gols, mas o objetivo de ambos como equipe é VENCER o jogo! Isso significa que o goleiro pode, ao final de um jogo, tentar fazer um gol para que seu time vença ou o atacante tenha que assumir a função de goleiro, no caso deste ter sido expulso de campo.

Em uma verdadeira equipe TODOS possuem o mesmo objetivo e trabalham incessantemente no seu alcance! Logo, o time deve estar preocupado com tudo que envolve o seu objetivo comum, e não em um formato onde cada membro vise apenas o cumprimento de suas atividades. A equipe deve se organizar taticamente para o alcance pleno de suas metas e objetivos.

É importante salientar que a formação da equipe é pré-requisito de sucesso para tudo o que você vai ler nos próximos capítulos.

2.1. Como iniciar a formação de uma equipe ágil?

Lembre-se da comparação com o time de futebol. Uma equipe de futebol é formada apenas por zagueiros? Ou apenas por atacantes? Sabe-se que não, mas por quê? Essa questão está ainda mais fácil. É simples: porque cada jogador possui uma habilidade diferente, e a soma dessas habilidades é imprescindível para a equipe vencer a partida. Isso nos leva às "equipes multidisciplinares", formadas por profissionais especialistas em diferentes disciplinas, de forma a consolidar um conjunto de habilidades e conhecimentos em busca do sucesso de um projeto. Logo, segue a primeira recomendação:

- **Forme equipes multidisciplinares:** entenda quais são os conhecimentos necessários para que o time consiga trabalhar de forma a alcançar seu objetivo com o mínimo possível de dependência externa.

Não basta apenas formar equipes com profissionais de diferentes disciplinas, é fundamental que essas equipes trabalhem de forma autogerenciável e auto-organizável:

- **Forme equipes autogerenciáveis:** com a equipe multidisciplinar formada, é fundamental que os membros tenham uma visão clara de seus objetivos e metas e se auto-organizem. Veja que isso não exclui, de maneira alguma, a figura do gerente de projetos, que passa a exercer uma função mais estratégica, com o objetivo de ser um grande facilitador para as equipes.

Essas dicas devem ajudá-lo a iniciar sua equipe ágil. Evidentemente, existem uma série de fatores importantes, os quais podem ajudar mais ou menos na condução desse trabalho. Lembre-se de que não existe mágica: a equipe deve demorar algum tempo para alcançar uma alta produtividade, pois é preciso ganhar maturidade.

2.2. Quais são as principais vantagens de uma equipe ágil?

O segredo está em dar o seu melhor e não em ser o melhor.
Autor desconhecido

Muitas vezes me fiz essa pergunta durante minha trajetória profissional. Até hoje, alguns profissionais apresentam dúvidas sobre as reais vantagens de montar uma equipe ágil.

Os valores apresentados por metodologias ágeis têm relação com os conceitos de gestão de pessoas, de forma a alcançar maior evolução e motivação de seus profissionais. Nessa linha, cito como exemplo: "construir projetos ao redor de indivíduos motivados, dando a eles o ambiente e suporte necessário, e confiar que farão seu trabalho".[2]

Somente é possível ser diferenciado no que se faz quando se gosta e se tem paixão pelo que faz. Um profissional motivado é capaz de produzir muito mais (dar o seu melhor). Lembro-me, nesse momento, dos bons professores que tive a oportunidade de conhecer e que fizeram a diferença, pois às vezes, por mais que o assunto não fosse interessante, o professor conseguia envolver os alunos de tal forma que estes passavam a gostar de sua disciplina. Pense nisso!

Uma equipe conhece o seu valor dentro da organização, conhece a estratégia, trabalha por objetivos, tem liberdade para criar e gerenciar seu próprio trabalho. Sobre as vantagens, cito a maior delas: **resultados sólidos**! Existe uma grande diferença no alcance de resultados quando se trabalha por objetivo alinhado à estratégia da organização. Seguem mais algumas vantagens:

- **Aumento de produtividade:** no início da formação de uma equipe ágil, não é possível perceber o aumento da capacidade produtiva; no entanto, com a evolução dos trabalhos e o crescimento da maturidade dos membros da equipe, você vai perceber uma grande diferença.

[2] Reproduzido do site <http://agilemanifesto.org>. Acesso em: 19 out. 2017.

- **Gestão do conhecimento:** seria necessário escrever outro livro para explicar a relação de equipes ágeis com gestão do conhecimento. Em síntese, equipes multidisciplinares decidem juntas suas estratégias e táticas, com o objetivo de alcançar o resultado desejado. Logo, os membros da equipe se comunicam constantemente e, na ideia de conquistar a meta, trocam "conhecimentos". Entre várias vantagens, entendo ser importante citar a redução da curva de aprendizagem dos profissionais e a redução de problemas no caso de *turnover*[3] de membros da equipe, provocado pela descentralização de conhecimento.
- **Envolvimento da equipe:** os membros da equipe apresentam alto comprometimento com o resultado, fato que ocorre devido à equipe ser valorizada e ter conhecimento de sua importância dentro da estratégia da organização.
- **Alta capacidade de responder a mudanças:** uma equipe ágil reage rapidamente a uma mudança de plano, antecipando problemas e tomando decisões de forma ágil.

Lembrando o pilar: somente é possível ser diferenciado no que se faz quando se tem paixão pelo que se faz!

Diria ainda que equipes ágeis apresentam forte relação com a "Teoria de Maslow". Apesar de não ser tema deste livro, a teoria de Abraham Maslow defende um conjunto de necessidades que o ser humano precisa para alcançar a motivação profissional.[4] Entre as necessidades sugeridas por essa teoria, as sociais e a de estima apresentam forte relação com o trabalho em equipe.

No que tange aos aspectos sociais, o trabalho em time fortalece as relações pessoais devido à intensidade do processo de comunicação. Esse fator causa o efeito de satisfação pessoal nas relações sociais de cada membro da equipe.

A estima, onde o profissional deve sentir o seu valor dentro da organização para qual trabalha, é um grande reflexo do trabalho em times ágeis. Dentro de um time, todos têm sua importância no resultado final. A transparência do processo de gestão das equipes deixa claro o valor de cada um dentro do objetivo.

---

[3] *Turnover*: termo utilizado para representar rotatividade de pessoal em uma organização.

[4] Teoria de Maslow: conceito sobre as necessidades primárias e secundárias do ser humano que afetam diretamente sua motivação dentro de sua organização (MASLOW, 1943).

3. Gestão ágil de projetos

Nossa maior prioridade é satisfazer o cliente, através da entrega adiantada e contínua de software de valor.[5]

Com o passar dos anos e as constantes evoluções da TIC, que acabaram ajudando muito no processo de globalização, as mudanças se tornaram mais frequentes. Como reflexo desse cenário, pode-se concluir que as equipes que responderem mais rapidamente a esse quadro devem se manter vivas nesse novo mercado. Os projetos de TIC, em sua maioria, não são finalizados dentro dos prazos estipulados, se apresentam cada vez mais instáveis e o cliente, muitas vezes, não sabe o que realmente deseja ou não tem tempo nem capacidade para definir de forma clara o seu pedido.

Tendo em vista essa realidade, percebida alguns anos atrás, mais exatamente no dia 13 de novembro de 2001, um grupo de profissionais da área de TIC (Kent Beck, Mike Beedle, Arie van Bennekum, Alistair Cockburn, Ward Cunningham, Martin Fowler, James Grenning, Jim Highsmith, Andrew Hunt, Ron Jeffries, Jon Kern, Brian Marick, Robert C. Martin, Steve Mellor, Ken Schwaber, Jeff Sutherland e Dave Thomas) se reuniu para discutir como seria possível melhorar o desempenho dos projetos de desenvolvimento de software.[6] A partir desse encontro nasceu o Manifesto Ágil, onde os seguintes princípios deveriam ser valorizados:

---

[5] Reproduzido do site <http://agilemanifesto.org>. Acesso em: 19 out. 2017.

[6] Reproduzido do site <http://agilemanifesto.org>. Acesso em: 19 out. 2017.

- Indivíduos e interação entre eles mais que processos e ferramentas.
- Software em funcionamento mais que documentação abrangente.
- Colaboração com o cliente mais que negociação de contratos.
- Responder a mudanças mais que seguir um plano.

Percebe-se com clareza a nova visão que esse grupo teve e que vem agregando muito em diversas organizações de TIC e seus clientes. Atingir os objetivos do negócio do cliente passa a ser prioridade. Logo, não basta a conclusão de um cronograma de projeto, mas, sim, o sucesso da estratégia do negócio com o qual o produto está envolvido. Sendo assim, é fundamental que as empresas tenham a capacidade de se adaptar rapidamente às mudanças, e isso é ser "ágil". Por trás desses quatro itens do manifesto ágil existem os seguintes princípios:[7]

- Nossa maior prioridade é satisfazer o cliente através da entrega adiantada e contínua de software de valor.
- Aceitar mudanças de requisitos, mesmo no fim do desenvolvimento. Processos ágeis se adequam a mudanças, para que o cliente possa tirar vantagens competitivas.
- Entregar software funcionando com frequência, na escala de semanas até meses, com preferência para os períodos mais curtos.
- Pessoas relacionadas a negócios e desenvolvedores devem trabalhar em conjunto e diariamente, durante todo o curso do projeto.
- Construir projetos ao redor de indivíduos motivados, dando a eles o ambiente e o suporte necessários, e confiar que farão seu trabalho.
- O método mais eficiente e eficaz de transmitir informações para, e por dentro de, um time de desenvolvimento é através de uma conversa cara a cara.
- Software funcional é a medida primária de progresso.
- Processos ágeis promovem um ambiente sustentável. Os patrocinadores, desenvolvedores e usuários devem ser capazes de manter indefinidamente passos constantes.
- Contínua atenção à excelência técnica e ao bom design aumenta a agilidade.
- Simplicidade: a arte de maximizar a quantidade de trabalho que não precisou ser feita.

[7] Reproduzido do site <http://agilemanifesto.org>. Acesso em: 19 out. 2017.

- As melhores arquiteturas, requisitos e designs emergem de times auto-organizáveis.
- Em intervalos regulares, o time reflete sobre como ficar mais efetivo, então se ajustam e aperfeiçoam seu comportamento de acordo.

A partir da visão desses 17 profissionais da área de TIC, começaram a surgir metodologias com o objetivo de dar sustentação a esses valores, considerando que, até então, só se tinha a ideia. Como fazer isso tudo funcionar? Começaram a aparecer alguns *frameworks* interessantes, tais como:

- **XP (*Extreme Programming*):** nascido no final da década de 1990, o XP é uma metodologia ágil com foco no aumento de qualidade e produtividade do desenvolvimento de sistemas de informação, com a inclusão de algumas técnicas e práticas.
- ***Scrum*:** considerado uma das metodologias ágeis mais utilizadas, o *Scrum* apresenta um *framework* para planejamento e gestão de projetos de sistemas de informação.
- ***Lean*:** criada no Japão pela fabricante de carros Toyota, após a Segunda Guerra Mundial. A metodologia apresenta uma proposta para aumento de produtividade e eficiência, com o foco em eliminação de desperdícios. Existe há muitos anos, mas só recentemente tem sido utilizada por equipes de tecnologia da informação.
- ***Kanban*:** conceito de gestão visual, através de cartões ou papéis adesivos. Equipes ágeis utilizam rotineiramente esta técnica, pois apresenta grande alinhamento com os valores ágeis.
- **DSDM (*Dynamic Software Development Method*):** nascida em 1994, a metodologia de desenvolvimento de sistemas dinâmicos é mais um conjunto de boas práticas ágeis para desenvolvimento de software.
- **FDD (*Feature Driven Development*):** desenvolvimento guiado por funcionalidades, o FDD é uma das metodologias ágeis originais criadas pelos autores do manifesto ágil, com foco no processo de desenvolvimento de sistemas da informação.
- ***OpenUP*:** alinhado aos princípios ágeis, esta metodologia possui uma abordagem iterativa e incremental com foco no planejamento e na gestão de projetos de software.
- ***Crystal*:** apresenta um conjunto de metodologias de desenvolvimento de software totalmente aderente aos princípios ágeis. O método *Crystal* tem um grande foco nas pessoas, respeitando as características e habilidades de cada equipe.

Como se pode verificar, foram criados diversos *frameworks* para auxiliar na construção de uma equipe ágil, e alguns deles serão abordados nos próximos itens.

3.1. *Scrum*

Um dos *frameworks* mais utilizados para métodos ágeis, *Scrum*, concebido por Ken Schwaber e Jeff Sutherland, foi criado com o objetivo de desenvolver e manter produtos complexos. Sua definição consiste em papéis, eventos, artefatos e regras, sendo que ele não deve ser considerado um processo ou uma técnica e sim uma ferramenta onde você pode empregar vários processos e técnicas.[8]

Talvez um dos pontos mais intrigantes desse método é que ele é muito leve e simples de entender, entretanto é extremamente difícil de dominar, pois depende de pessoas, padrões culturais da empresa, quebra de alguns paradigmas, etc.

O *Scrum* tem por base teorias empíricas e está fundamentado em três pilares de sustentação:

- **Transparência:** todos os resultados ou definições da equipe devem sempre ser visíveis por todos os envolvidos.
- **Inspeção:** os envolvidos devem frequentemente inspecionar os artefatos do *Scrum*, para avaliar se os resultados estão alinhados com os objetivos, assim analisando os riscos.
- **Adaptação:** basicamente pilar fundamental para execução de um processo de melhoria contínua. Os resultados devem ser analisados e debatidos pela equipe. Os pontos negativos devem ser adaptados para que não ocorram novamente.

Para a correta execução desses valores o *Scrum* sugere os seguintes papéis:

- ***Product Owner* (Dono do Produto):** é o responsável por maximizar o valor do produto e do trabalho da equipe de desenvolvimento. Para isso, a função deve gerenciar o artefato de *Backlog* do Produto,

[8] O conteúdo deste capítulo teve como referência o livro "Guia do Scrum" desenvolvido e mantido por Ken Schwaber e Jeff Sutherland.

priorizando os itens com o objetivo de alcançar as metas definidas. Também conhecido pela abreviação PO.

- ***Scrum Master*** **(Mestre do *Scrum*):** exerce a função de liderança servidora, o qual deve atender ao time, tendo a responsabilidade de garantir que o *Scrum* seja aplicado e entendido.
- **Equipe de Desenvolvimento:** time responsável por desenvolver o produto de maneira incremental, agregando valor para o cliente. Essa equipe deve ter a capacidade de se auto-organizar, além de ser multidisciplinar.

Um ponto fundamental do *Scrum* é o conceito de equipe que deve ser seguido, principalmente quando se refere a equipes multifuncionais ou multidisciplinares onde não existem responsabilidades individuais e sim papéis, sendo que a responsabilidade é a mesma para toda a equipe. Por esse motivo o *framework* foi chamado de *Scrum*, pois é o mesmo nome dado a uma jogada de rúgbi onde oito jogadores, de cada time, devem se unir com o objetivo de formar uma muralha, sendo essencial o trabalho em equipe para o sucesso da jogada. O Time *Scrum* é formado por todas essas funções descritas antes (*Product Owner*, *Scrum Master* e Equipe de Desenvolvimento), cujo modelo de equipe e suas características são projetados para incentivar a flexibilidade, a criatividade e a produtividade.

O *Scrum* é composto pelos eventos arrolados a seguir, os quais devem ser balizados com um tempo máximo de duração. O trabalho realizado deve ser inspecionado e adaptado, caso necessário:

- ***Sprint*** **ou Iteração:** é o período necessário para entregar uma versão de software incremental potencialmente utilizável do produto, cujo período deve ser de um mês ou menos. A *Sprint* pode ser considerada o núcleo desse *framework*, pois é nesse período que são executados eventos como: Reunião de Planejamento da *Sprint*, Reunião Diária, Revisão da *Sprint* e Retrospectiva da *Sprint*, conforme descrito a seguir.
- **Reunião de Planejamento da *Sprint*:** é a primeira reunião realizada na *Sprint*, pois é a partir desta que a equipe vai planejar o que deve ser feito na *Sprint*. Aqui a equipe define, basicamente, o que fazer e como vai fazer.
- **Reunião Diária:** esta deve ser realizada diariamente em pé com duração máxima de 15 minutos. Cada membro da equipe deve respon-

der o que fez desde a última reunião, o que vai fazer até a próxima reunião e se tem algum impedimento no seu trabalho. Esse encontro permite que a equipe avalie os riscos diariamente, possibilitando tomar decisões imediatas.

- **Revisão da *Sprint*:** executada sempre ao final de uma *Sprint*, com o objetivo de apresentar para as partes interessadas o trabalho realizado.
- **Retrospectiva da *Sprint*:** é uma das cerimônias mais importantes em relação ao pilar de adaptação relatado anteriormente, pois é nesse momento que a equipe faz uma análise de seus pontos negativos e como fazer para melhorá-los, criando um plano de ação para sua adaptação.

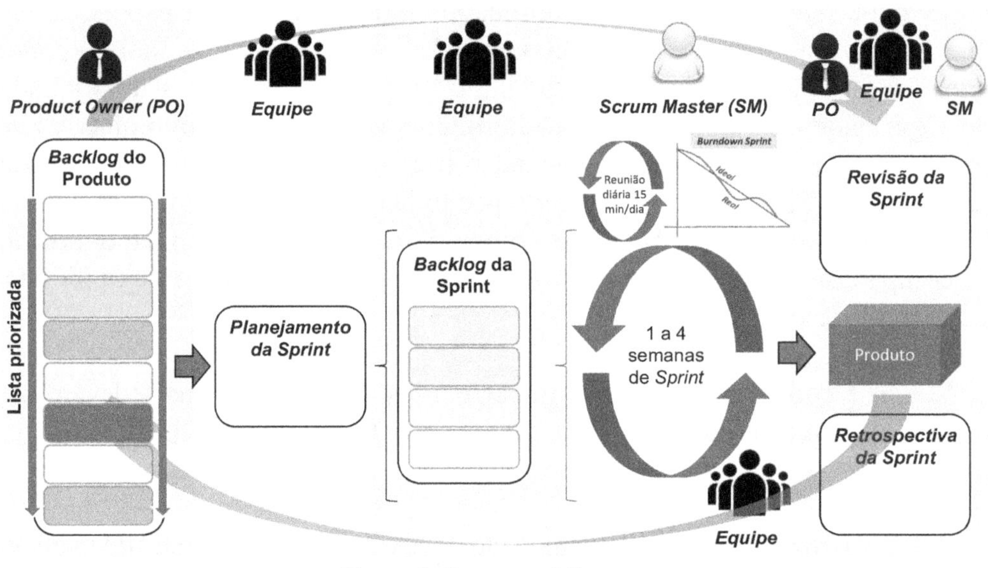

Figura 1. *Framework Scrum*.

A figura anterior expressa a ordem de execução do *framework* descrito. Para melhor controlar os resultados, o *Scrum* nos apresenta ainda alguns artefatos que garantem, de certa forma, a transparência do trabalho realizado, possibilitando assim que a inspeção e a adaptação sejam baseadas nesses artefatos, garantindo que se alcancem os objetivos com mais eficácia. Os artefatos são:

- ***Backlog* do Produto:** refere-se a uma lista de itens contemplando todas as necessidades para a construção do produto. O responsável por controlar e, principalmente, priorizar essa relação é o *Product Owner*.

- ***Backlog* da *Sprint*:** é a relação dos itens selecionados do *Backlog* do Produto que vão entrar na *Sprint*. A responsabilidade por esses itens é da equipe de desenvolvimento.
- **Incremento:** o incremento é a entrega da *Sprint*, sendo a soma de todos os itens do *Backlog* do Produto que foram concluídos durante a *Sprint*.

Ambos os *backlogs* podem ser acompanhados por gráficos de *burndown* ou *burnup*, apresentados mais adiante nas figuras 2 e 3. São práticas muito utilizadas, pois aumentam ainda mais a transparência por facilitar a visualização e o acompanhamento.

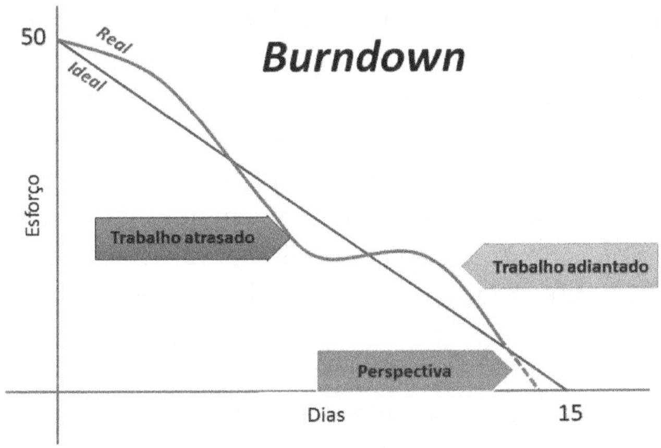

Figura 2. Exemplo de gráfico de *burndown*.

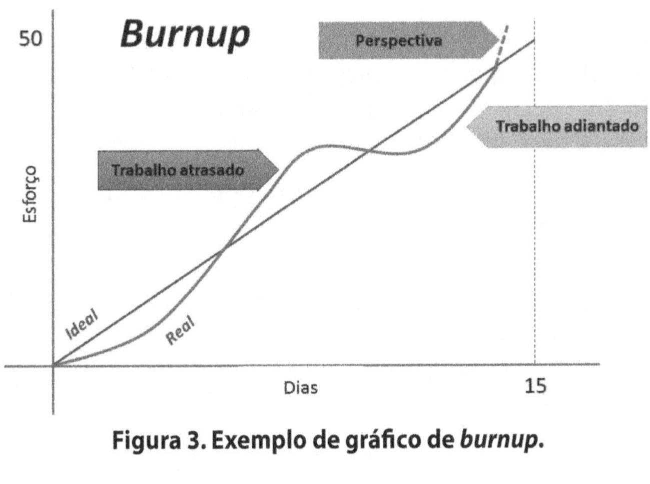

Figura 3. Exemplo de gráfico de *burnup*.

3.2. XP (*Extreme Programming*)

O XP foi criado com base nos valores do manifesto ágil, relatado anteriormente, e foi utilizado pela primeira vez em um projeto iniciado em 06 de março de 1996 chamado de C3 (*Chrysler Comprehensive Compensation*), da Chrysler. O resultado não poderia ter sido melhor, pois incentivou a criatividade e consequentemente a inovação. Kent Beck, Wrad Cunningham e Ron Jeffries, idealizadores dessa metodologia, visualizaram a necessidade de mudar para atingir os objetivos e, a partir disso, passaram a explorar ao máximo as práticas de desenvolvimento de software, chegando assim no XP.[9] Essa prática apresenta cinco principais valores:

- ***Feedback*:** em consequência da alta frequência de comunicação com o cliente, têm-se *feedbacks* em um curto espaço de tempo. Além disso, é fundamental encontrar uma forma de produzir *feedback* de tudo que é feito, não apenas do cliente.
- **Comunicação:** dar preferência para conversas pessoais, evitando outros meios de comunicação, pois quanto mais eficiente e eficaz for a comunicação, melhor será o resultado.
- **Simplicidade:** codificar de forma simples, minimizando a criação de classes complexas. Fazer somente o que for estritamente necessário.
- **Coragem:** esse talvez seja o princípio mais importante e mais difícil, pois refere-se às características pessoais dos membros da equipe no que tange à coragem de se comunicar quando necessário, de ser simples quando for preciso e de garantir a frequência do *feedback* do cliente.
- **Respeito:** este valor pode ser considerado a partir do nível de maturidade da equipe, que se torna essencial para execução eficiente dessa metodologia. Se o time não tem respeito um pelo outro, não é possível garantir os demais princípios.

Com base nesses valores, nasceram diversas práticas para aperfeiçoar o desenvolvimento de software, entre elas:

- **Integração contínua:** garantir que o código-fonte da aplicação se mantenha consistente após as alterações, procedimento este normalmente executado diariamente, a fim de identificar os erros o mais

[9] Adaptado do site <http://extremeprogramming.org>. Acesso em: 20 out. 2017.

rapidamente possível, além de atualizar os ambientes, devendo ser executada a bateria de testes automatizados e testes unitários.

- **Ambiente informativo**: o local de trabalho da equipe deve expressar claramente a situação do projeto, de forma que uma pessoa de outra equipe consiga entendê-la rapidamente, aprimorando assim a comunicação, conforme apresentado no exemplo a seguir.

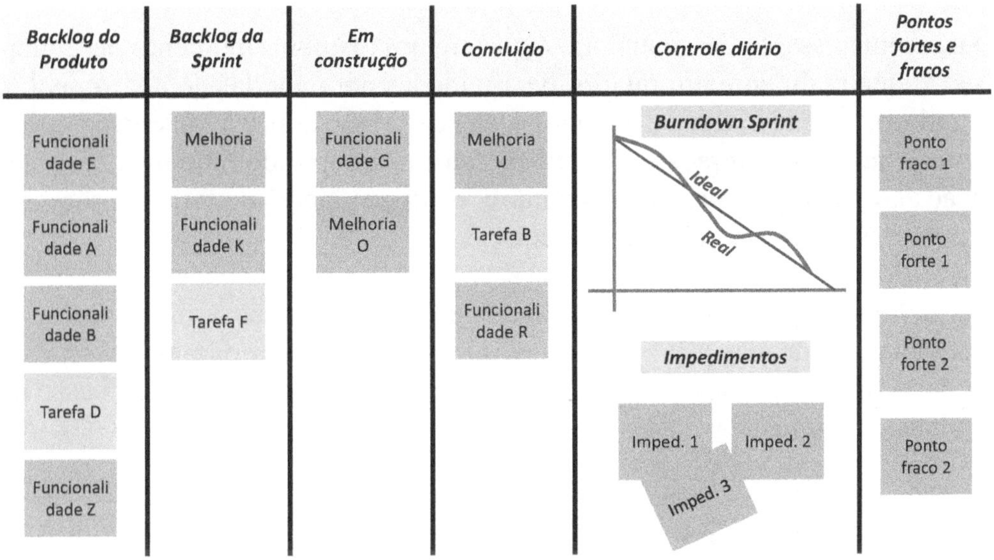

Figura 4. Exemplo de ambiente informativo.

- **Folga:** nunca planejar pensando em utilizar 100% do tempo da equipe. A ideia é reservar parte desse tempo para riscos, evitando assim eventuais atrasos.

É importante ressaltar que neste livro não serão abordadas todas as práticas do XP, razão pela qual foi descrito apenas o que fará parte de seu desenvolvimento. No próximo item será relatada a metodologia *Kanban*, que apresenta uma relação com a prática de ambiente informativo, visto recentemente.

3.3. *Kanban*

O *Kanban* teve origem na década de 50, logo após a Segunda Guerra Mundial, fazendo parte do STP (Sistema Toyota de Produção) ou *Lean* (*Lean Pro-*

duction System), o qual foi criado visando, principalmente, a eliminação de desperdícios e a redução de estoque. Foi utilizado pela primeira vez por David Anderson com a colaboração de Don Reinertsen, que se esforçaram muito para ampliar o conhecimento do *Lean*. O termo *Kanban* significa "quadro visual" ou "cartão visual" e apresenta apenas duas restrições, como o próprio nome diz: deve-se visualizar o fluxo de trabalho e as atividades em andamento devem ter limites definidos.[10]

O mais interessante desse método é que em um primeiro momento pergunta-se: "o que realmente um quadro de atividades pode mudar no desempenho, na cultura, na capacidade e na maturidade de uma equipe?". Mesmo parecendo uma pequena alteração, o *Kanban* causa uma grande mudança na organização, principalmente por respeitar a "transparência" de todo o processo, expondo problemas para todos da equipe.

Normalmente, as equipes ágeis utilizam um quadro branco com as suas fases e atividades lançadas ali. Esse procedimento alavanca os pilares de transparência, inspeção e adaptação do trabalho realizado, iniciando um processo de mudança cultural.

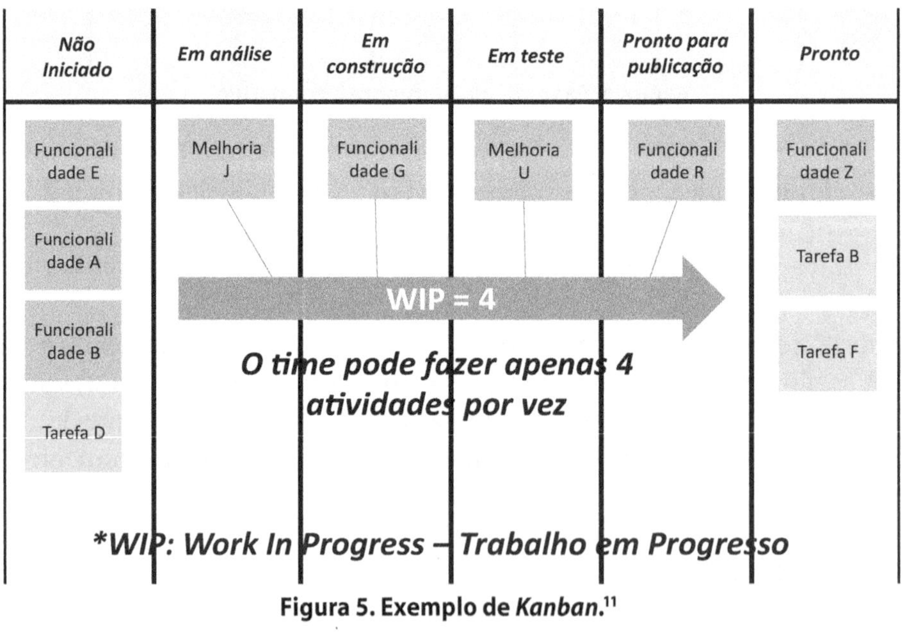

Figura 5. Exemplo de *Kanban*.[11]

[10] Adaptado do livro "Priming Kanban", 2011.
[11] Adaptado do livro "The Agile Samurais: how agile masters deliver great software".

Na figura anterior é possível visualizar um exemplo de *Kanban*, dividido em fases e com seus limites definidos, dando transparência ao processo e ao seu fluxo e expondo assim gargalos, filas, variabilidade e desperdícios.

Com essa exposição, todos têm a oportunidade de visualizar o trabalho realizado e tomar alguma ação, caso o resultado não esteja de acordo com os objetivos traçados.

O método incentiva a colaboração de todos os envolvidos, podendo surgir melhorias no processo – o que pode levar a uma proposta de melhoria contínua.

4. Gerenciamento de serviços de TIC

Entregando valor para os clientes.

Serviço é um meio pelo qual se objetiva entregar valor para os clientes, de forma que esses clientes alcancem os resultados desejados sem que precisem assumir custos e riscos específicos inerentes à TIC. Gerenciamento de serviços de TIC é o conjunto de capacidades, maturidade e conhecimentos organizacionais realizados para prover valor sob a forma de serviços de TIC.

Para criar serviços de TIC que agreguem valor ao cliente é necessário entender as dificuldades e as expectativas desse cliente, para, assim, encontrar o meio mais apropriado de atendê-lo. O gerenciamento de serviços de TIC não existe sem uma visão integrada de todas as áreas e setores da empresa, pense nisso!

De forma alguma pense que gerenciamento de serviços de TIC é apenas uma área de atendimento aos usuários finais (suporte e/ou *call center*), pois envolve diversos outros fatores que devem ser considerados. Dentre os modelos de gerenciamento de serviços de TIC, cito os seguintes:

- *Information Technology Infrastructure Library* (ITIL®).
- ISO/IEC 20000.
- *CMMI for Services.*
- MR-MPS serviços.
- USMBOK.
- *Microsoft Operations Framework* (MOF).

No intuito de alcançar um melhor entendimento sobre gerenciamento de serviços de TIC, nos parágrafos e itens seguintes serão descritos, brevemente, as etapas e os processos da ITIL®.

Implementada no fim da década de 1980 pelo governo britânico, inicialmente pela *Central Computing and Telecommunications Agency* (CCTA), era conduzida até 2011 pelo *Office of Government Commerce* (OGC), este último um órgão que tem como objetivo desenvolver metodologias e criar padrões dentro dos departamentos do governo britânico. A *Information Technology Infrastructure Library* (ITIL®) nasceu como um catálogo de melhores práticas direcionadas aos departamentos de TIC de seus órgãos governamentais, que identificaram que estavam demandando um alto custo para manterem seus serviços em funcionamento e decidiram criar uma biblioteca de boas práticas com vistas a melhorar sua gestão de serviços.

Então, após o seu nascimento, as empresas começaram a entender que as boas práticas descritas poderiam ser utilizadas em seus departamentos de TIC. Em 1990, a ITIL® acabou se tornando um padrão de fato em todo o mundo.

Os negócios passaram a ter uma grande dependência da TIC, fazendo com que os gestores passassem a buscar, cada vez com mais intensidade, a adoção de melhores práticas tendo por objetivo conquistar resultados positivos, reduzindo custos e aumentando a produtividade de seus processos. Com isso, a ITIL® acabou despertando um grande interesse no mercado.

A ITIL® oferece uma biblioteca de melhores práticas, comum para todas as tarefas de uma estrutura de serviços de TIC. Essas tarefas são divididas em etapas e processos, que fornecem um *framework* eficaz para um gerenciamento de serviços aprimorado. As melhores práticas descritas na ITIL® têm como objetivo:

- Servir de inspiração para melhorar seus processos de TIC.
- Sugerir onde é possível chegar.
- Sugerir para que servem processos e práticas.
- Sugerir por que adotar processos e práticas.

Uma observação importante é que a ITIL® não deve ser considerada uma metodologia, pois as melhores práticas são flexíveis a ponto de o usuário poder adaptá-las aos seus processos. Já uma metodologia possui uma dinâmica de implementação com regras bem definidas.

Com o passar dos anos, a ITIL® foi alcançando melhorias e agregou mais práticas bem-sucedidas, tendo como foco o ciclo de vida do serviço e passando a representar uma grande mudança estrutural entre as demais versões.

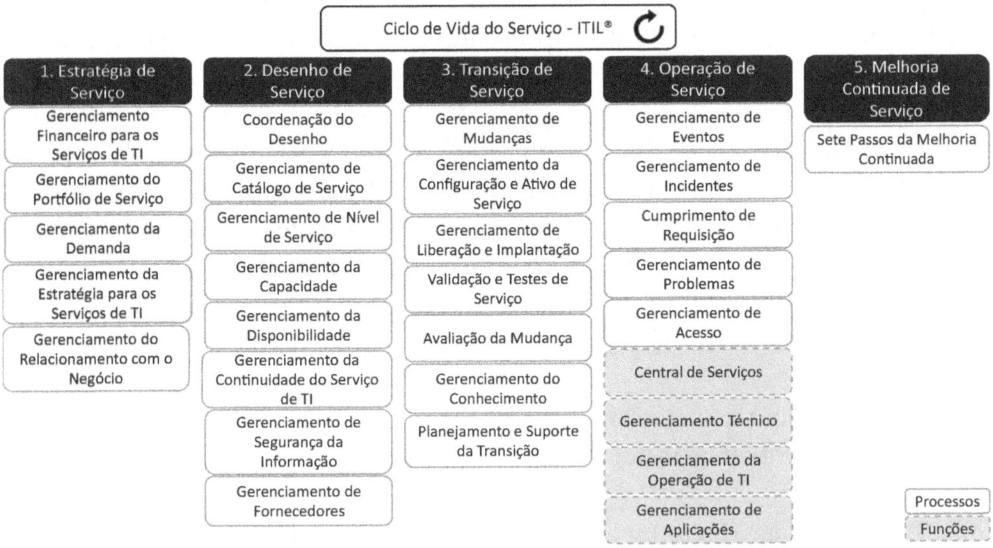

Figura 6. Ciclo de vida da ITIL® (adaptado de: FREITAS, 2013).

Conforme a Figura 6 apresentada, o ciclo de vida de serviços da ITIL® é dividido em cinco grandes etapas. O livro apresentará uma breve explanação das etapas da ITIL® para que o leitor possa melhor compreender o gerenciamento de serviços de TIC.

4.1. Estratégia de Serviço

Orienta o uso do gerenciamento de serviços de TIC como uma ferramenta estratégica de tecnologia da informação e comunicação para satisfazer as necessidades de negócio da empresa. Assim, seu principal objetivo é compreender a estratégia da empresa e as próprias necessidades do negócio, de forma a melhor definir os serviços de TIC que entregarão valor para o negócio a um custo justificável.

A Estratégia de Serviço é a primeira etapa do ciclo de vida de um serviço e se caracteriza principalmente por ser o eixo central que move todas as outras fases, pois, necessariamente, tudo gira ao redor da estratégia. Talvez um dos grandes diferenciais do gerenciamento de serviços de TIC, e mais especificamente dessa fase, é a proposta de integração entre as áreas de negócio e a TIC, de forma que cada um identifique e ressalte o que há de melhor no outro, focando mais no sucesso do cliente do que na eficiência e eficácia das operações, qualidades estas que apresentam uma relação com os valores das práticas ágeis.

Um dos propósitos dessa fase é fazer com que os provedores de TIC pensem de maneira estratégica, para que eles possam operar visando o aumento cada vez maior de sua lucratividade, desenhando estratégias e modelos organizacionais baseados em serviços e com a visão da organização.

Essa fase apresenta os seguintes objetivos:

- Identificar as necessidades do negócio.
- Desenvolver estratégias de TIC que satisfaçam as necessidades do negócio.
- Ajudar a selecionar as melhores opções para o aperfeiçoamento do serviço de TIC.
- Definir quais e para quem os serviços de TIC serão oferecidos.
- Analisar o uso dos serviços de TIC, definindo como realmente criar valor para o negócio.
- Definir quais e como os recursos serão alocados.

Seus processos são:

- Gerenciamento Financeiro para os Serviços de TI.
- Gerenciamento do Portfólio de Serviço.
- Gerenciamento de Demanda.
- Gerenciamento da Estratégia para os Serviços de TI.
- Gerenciamento do Relacionamento com o Negócio.

4.2. Desenho de Serviço

Nesta etapa, como o próprio nome sugere, os serviços de TIC devem ser desenhados com base nas estratégias definidas na fase anterior, a fim de atender às necessidades do negócio. Seus principais objetivos são:

- Desenhar serviços de TIC que satisfaçam os objetivos estratégicos do negócio.
- Elaborar processos eficazes e eficientes para o desenho, a transição, a operação e a melhoria dos serviços de TIC.
- Desenhar serviços de TIC de acordo com a realidade de prazos e custos da empresa.
- Incluir ferramentas de suporte, sistemas e informação.
- Identificar e gerenciar riscos antes dos serviços entrarem em produção.

O Desenho de Serviço deve ser elaborado com base no conceito dos 4Ps (Pessoas, Processos, Parceiros e Produtos). A utilização eficiente e eficaz desse conceito minimiza consideravelmente a possibilidade de falhas de gerenciamento. Seus processos são:

- Coordenação do Desenho.
- Gerenciamento de Catálogo de Serviço.
- Gerenciamento de Nível de Serviço.
- Gerenciamento da Capacidade.
- Gerenciamento da Disponibilidade.
- Gerenciamento da Continuidade de Serviço de TI.
- Gerenciamento de Fornecedores.
- Gerenciamento de Segurança da Informação.

4.3. Transição de Serviço

Seu principal propósito é implantar com sucesso os desenhos elaborados na etapa anterior, para que a área de operação possa gerenciar os serviços e a infraestrutura de maneira controlada. Seus principais objetivos são:

- Planejar e gerenciar a mudança do serviço de forma eficiente e eficaz.

- Documentar e prover informações e conhecimento sobre as mudanças nos serviços e nas implantações.
- Gerenciar os riscos relacionados à mudança do serviço.
- Garantir que o processo de implantação de serviços seja gerenciado de acordo com as definições na etapa de Desenho de Serviço, assegurando o menor impacto possível ao cliente e aumentando assim sua satisfação.
- Planejar e gerenciar habilidades e recursos necessários para elaborar, testar e implantar um novo serviço ou a alteração de um serviço de acordo com a necessidade de negócio.

Seus processos são:

- Gerenciamento de Mudanças.
- Gerenciamento da Configuração e Ativo de Serviço.
- Gerenciamento do Conhecimento.
- Planejamento e Suporte da Transição.
- Gerenciamento de Liberação e Implantação.
- Validação e Testes de Serviço.
- Avaliação da Mudança.

4.4. Operação de Serviço

Considero esta uma das principais etapas do ciclo de vida do gerenciamento de serviços de TIC, pois é nessa fase que é executado todo o planejamento estratégico e tático realizado nas fases anteriores, o qual é integralmente focado nas demandas do dia a dia e tem o dever de mostrar para o cliente o valor da TIC. Segue uma descrição de relações importantes que se tornam objetivos conflitantes:

- **Visão interna (TIC) *versus* visão externa (negócio):** um ponto importante de ser relatado é o balanceamento entre a visão técnica e a visão de negócio. Muitos conflitos entre os setores de TIC e de negócio poderiam ser evitados se as visões estivessem claras e equilibradas.
- **Estabilidade *versus* responsividade:** o mundo tem se tornado cada vez mais dinâmico, devido, principalmente, à velocidade de comunicação em consequência da evolução da TIC, fazendo com que a globalização se desenvolvesse de forma acelerada. Tendo em vista o

presente cenário, e que essa realidade tende a aumentar com o passar dos anos, a TIC tem vivido uma mudança de comportamento junto de seus clientes, pois as solicitações de mudança se tornam cada vez mais frequentes. Logo, segundo minha experiência, se torna cada vez mais claro que as organizações que responderem mais rapidamente a essas mudanças de escopo terão um grande diferencial competitivo. Visando essa tendência, o gerenciamento de serviços de TIC sugere um balanceamento entre estabilidade e responsividade, nem tão estável para não ser tão lento para se adaptar e nem tão ágil para não ser muito instável.

- **Qualidade do serviço *versus* custo do serviço:** existe ainda a relação entre a qualidade do serviço e o custo desse serviço. Veja que o cliente está cada vez mais exigente – e, por outro lado, não é simples ter qualidade a um baixo custo. É necessário encontrar o equilíbrio ideal dessa relação com o objetivo de atender à requisição do cliente dentro do prazo acordado ao menor custo possível e com alta qualidade.
- **Proatividade *versus* reatividade:** conforme descrito antes, o mundo pede respostas cada vez mais rápidas frente às suas constantes mudanças, e, para que isso se torne realidade, é preciso ter uma postura proativa em suas atitudes, com o objetivo de minimizar ao máximo o impacto para o cliente, pois não há mais espaço para a postura reativa, ou seja, atuar somente quando o problema já existe.

Um fator fundamental para o sucesso dessa fase é a eficiência e a eficácia da comunicação entre equipes. Essa característica fará toda a diferença nos resultados desse processo. É necessário que exista um plano de comunicação bem elaborado e principalmente simples, o que faz aumentar a produtividade e minimiza as falhas.

Em resumo, levando-se em consideração o que foi descrito até aqui, podemos considerar os seguintes objetivos:[12]

- Garantir que os serviços de TIC sejam entregues de forma eficaz e eficiente.
- Restabelecer o funcionamento normal dos serviços que estejam com alguma falha, seja com a resolução de incidentes ou problemas.

---

[12] FREITAS, 2013.

- Responder à necessidade do cliente dentro do prazo acordado com o menor custo e alta qualidade, minimizando o impacto para o negócio.
- Manter a satisfação e a confiança nos serviços de TIC por parte dos usuários.
- Encontrar o equilíbrio ideal entre as áreas de TIC e de negócio.
- Gerenciar todos os recursos necessários para entregar e sustentar os serviços.
- Manter e gerenciar a disponibilidade do serviço.

Para o sucesso desses objetivos, além das etapas anteriores, a Operação de Serviço é dividida em cinco grandes processos e quatro importantes funções. A saber, processos:

- Gerenciamento de Eventos.
- Gerenciamento de Incidentes.
- Gerenciamento de Problemas.
- Cumprimento de Requisição.
- Gerenciamento de Acesso.

Funções:

- Central de Serviços.
- Gerenciamento Técnico.
- Gerenciamento de Aplicações.
- Gerenciamento da Operação de TI.

4.5. Melhoria Continuada de Serviço

Quinta e última etapa no ciclo de vida de um serviço. A melhoria continuada de serviço garante que os serviços estejam alinhados com as necessidades do negócio em mudança por meio da identificação e da implementação de melhorias para os serviços de TIC que suportam os processos de negócio. O desempenho do provedor de serviço de TIC é continuamente medido e as melhorias são feitas para processos, serviços de TIC e a infraestrutura de TIC de forma a aumentar a eficiência, a eficácia e a otimização de custo.[13]

---

[13] FREITAS, 2013.

A melhoria continuada de serviço está presente em todas as etapas do ciclo de vida, assim é possível identificar melhorias em qualquer uma das etapas. Com foco na otimização de custos dos serviços e na melhoria da eficiência e da eficácia dos processos, essa etapa apresenta dois motivadores básicos para a melhoria de serviços:

- Motivadores de negócio.
- Motivadores técnicos.

Para alcançar sucesso nessa etapa, é necessário ter indicadores que forneçam a real situação do provedor de serviços e, com essas métricas, deve ser possível entender o que está funcionando corretamente, assim como o que não está funcionando da forma esperada. Com base nessa análise, passamos a ter os elementos técnicos necessários para planejar novos processos com vistas a alcançar a melhoria desejada do serviço. Seus principais objetivos são:

- Melhorar continuamente o alinhamento dos serviços de TIC com o negócio e com os requerimentos de mudanças no negócio.
- Melhorar a eficiência e a eficácia dos processos de gerenciamento de serviços.
- Otimizar o custo dos serviços.

Seu processo é:

- Sete Passos da Melhoria Continuada.

Existem diversas técnicas para aplicação da melhoria continuada. As organizações estão em busca constante de um diferencial competitivo, mas, para que possam obter êxito, precisam estar em frequente adaptação com o objetivo de melhorar sempre que possível.

5. Gerenciamento de serviços de TIC e métodos ágeis

Este capítulo tem por objetivo principal descrever o processo de gerenciamento de serviços de TIC em comparação com as práticas ágeis. É necessário entender onde as visões apresentam características em comum, a fim de elaborar um processo lógico, correto e com justificativas. A primeira seção deste capítulo tem como objetivo apresentar tais características em comum, para, a partir disso, justificar e encaminhar alguns conceitos que serão abordados nas próximas seções.

5.1. Encontro de objetivos

A fim de avaliar as características em comum entre as áreas de conhecimento apresentadas, deve-se esclarecer melhor os pontos principais onde o objetivo de gerir serviços de TIC e métodos ágeis se encontram de forma equivalente.

Conforme citado na seção de Operação de Serviço, presente no capítulo 4, esta fase tem o objetivo de mostrar para o cliente o valor da TIC, sendo necessário um balanceamento entre a visão técnica e a visão de negócio. O motivo do balanceamento entre as visões é não prejudicar a entrega dos serviços, ou seja, o produto disponibilizado deve estar de acordo com a expectativa do cliente. Nesse ponto surge uma forte ligação com um dos valores do Manifesto Ágil. Afinal, um de seus princípios é **"Pessoas relacionadas a negócios e desenvolvedores devem trabalhar em conjunto e diariamente, durante todo o curso do projeto"**[14].

[14] Reproduzido do site <http://agilemanifesto.org>. Acesso em: 20 out. 2017.

As práticas ágeis apresentam exatamente esse espírito de transparência e comunicação cara a cara; assim, todos da equipe têm pleno conhecimento de tudo que ocorre no projeto, evitando conflitos entre as visões técnicas e de negócio após a entrega do serviço.

Seguindo com a comparação de valores, devido a um mundo cada vez mais dinâmico, no balanceamento entre estabilidade e responsividade (onde se deve ser ágil para responder de forma rápida às mudanças), a resposta deve ser eficaz ou estável, pois hoje, com a velocidade da comunicação, um erro pode ser fatal para o cliente. Esse ponto apresenta um forte vínculo com outro princípio ágil conhecido como "**Responder a mudanças mais que seguir um plano**"[15]. Este princípio está ligado com a forma de entrega proposta nas práticas ágeis, que prevê a respectiva entrega de software funcionando a cada iteração (*Sprint*).

Um fator fundamental para o sucesso da etapa de Operação de Serviço é a eficiência e a eficácia da comunicação entre equipes. É primordial a comunicação na área de gerenciamento de serviços de TIC, logo o processo definido deve ter muita atenção nesse ponto. E, mais uma vez, se percebe uma forte relação com as práticas ágeis, especificamente com o valor "**Indivíduos e interações mais que processos e ferramentas**"[16]. O valor da comunicação no gerenciamento de serviços é bem próximo do valor citado nas práticas ágeis – o que não significa, de maneira alguma, que não se devem ter processos e ferramentas, mas, sim, que a interação entre os envolvidos é o mais importante.

Uma das etapas presentes em modelos de gerenciamentos de serviços de TIC é a Melhoria Continuada de Serviço, fase tida como essencial para a evolução do serviço, conforme as estratégias definidas. Novamente é possível perceber mais outra forte relação com as práticas ágeis. O guia do *Scrum*, um dos métodos ágeis, sugere que um dos pilares desse *framework* seja a "**adaptação**" embasada totalmente no processo de melhoria continuada, sugerindo inclusive uma reunião de retrospectiva, conforme descrito no Capítulo 3.

Conclui-se que a gestão de serviços de TIC e metodologias ágeis apresentam características em comum nos seus principais valores. É fundamental destacar que toda metodologia nasce com base em um contexto; no entanto, é entre

---

[15] Reproduzido do site <http://agilemanifesto.org>. Acesso em: 20 out. 2017.
[16] Reproduzido do site <http://agilemanifesto.org>. Acesso em: 20 out. 2017.

o contexto e a metodologia que se situam os princípios e objetivos que são essenciais para o seu sucesso.

5.2. Gerenciamento de serviços de TIC e métodos ágeis trabalhando juntos

Esta seção apresenta a relação entre gestão de serviços de TIC e métodos ágeis, usando como exemplo a ITIL® e o *Scrum*, conforme pode-se visualizar na Figura 7.

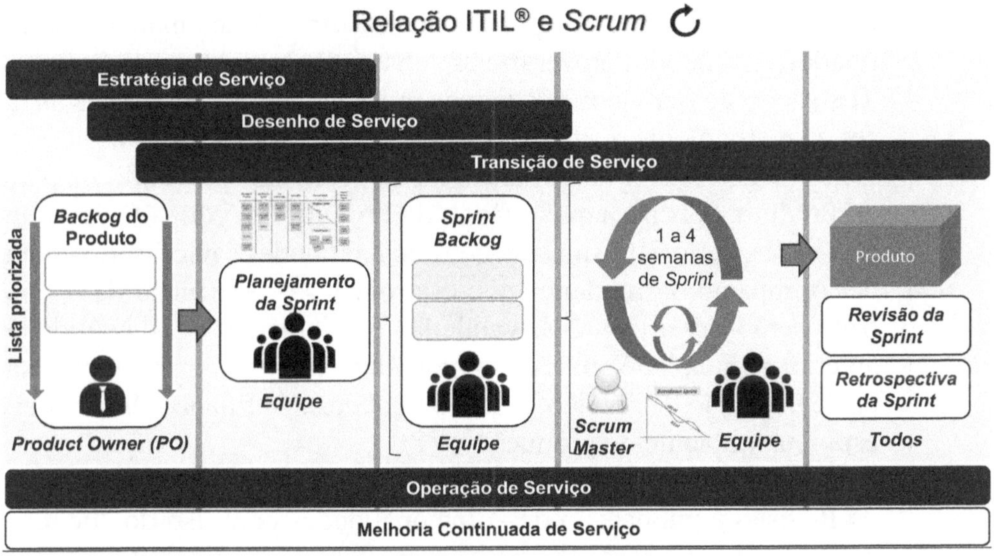

Figura 7. Relação entre ITIL® e *Scrum*.

A imagem apresentada relaciona as principais etapas das metodologias ITIL® e do *Scrum* com o objetivo de melhor organizar este item e expor visualmente uma primeira abordagem dessa nova proposta. É provável que você tenha ficado com algumas dúvidas agora, não? Como as práticas se combinam?

- **Estratégia de Serviço:** para elaboração do *Backlog* do Produto a metodologia *Scrum* sugere um responsável chamado Dono do Produto (*Product Owner*), que tem por objetivo maximizar o valor do produto e do trabalho da equipe. Para obter sucesso em sua missão, este deve, além de outras ações, ordenar os itens do *Backlog* do Produto para alcançar melhor os objetivos e as missões estratégicas. O Planejamento da *Sprint* deverá seguir a estratégia definida na relação priorizada do *Backlog* do Produto. Assim sendo, as práticas se combinam nesse ponto, pois ambas possuem preocupação com a construção de serviços de TIC visando a estratégia da empresa.

- **Desenho de Serviço:** após a definição da estratégia, o *Backlog* do Produto começa a ganhar forma, com uma lista de todas as funcionalidades, funções, requisitos, melhorias e correções que constituem alterações a serem efetuadas no produto nas próximas entregas. Nesse ponto as visões se combinam, pois inicia-se a necessidade do desenho de serviço orientado por uma estratégia já definida. Essa combinação avança para o momento do Planejamento da *Sprint*, onde será debatido o que e como a equipe vai construir as funcionalidades priorizadas, gerando um novo artefato chamado de *Backlog* da *Sprint*.
- **Transição de Serviço:** esta etapa apresenta relação com todas as fases da metodologia *Scrum*, desde a definição da estratégia de serviço até a sua entrega. A combinação inicia-se na elaboração do *Backlog* do Produto, pois para que o Dono do Produto (*Product Owner*) consiga melhor priorizar sua lista de funcionalidades é necessário entender o impacto da mudança que está por vir. A execução da *Sprint*, onde serão desenvolvidas, validadas e testadas as funcionalidades anteriormente planejadas, é o momento de maior sinergia com a etapa de transição de serviço, pois, ao final desta, a funcionalidade deve estar em ambiente de produção.
- **Operação de Serviço:** ao finalizarmos uma *Sprint*, após a Reunião de Revisão e publicação das funcionalidades para uso do cliente, o serviço entra na fase de operação. O *Scrum* funciona por modelo de iterações curtas, conforme explicado em capítulo anterior, logo a fase de operação é uma constante, pois, à medida que o serviço é utilizado, adquire valor e o cliente fornece *feedback*, o que alimenta o *Backlog* do Produto, tornando-se uma lista maior e mais próxima do objetivo. Os requisitos estão em alteração constante, o que faz do *Backlog* do Produto um artefato vivo. Mudanças nos requisitos de negócio, incidentes, problemas, requisições, condições de mercado ou tecnologia são também fatores que podem provocar alterações no *Backlog* do Produto.
- **Melhoria Continuada de Serviço:** apesar desta etapa estar presente em todo o momento do ciclo de vida do serviço, o ponto principal de combinação entre os métodos está nas reuniões de Revisão e de

Retrospectiva da *Sprint*. Ambas são realizadas após a execução da *Sprint* e têm a finalidade de inspecionar o trabalho realizado no sentido de encontrar pontos deficientes e melhorá-los na próxima *Sprint*. Uma com foco no trabalho e outra com o foco na equipe, porém ambas focadas na melhoria continuada do serviço.

E agora? Ficou mais claro? É necessário entender que novos requisitos de um produto devem ser considerados novos serviços desse mesmo produto. Lembre-se da priorização do *Backlog* do produto; este deve estar vinculado à estratégia. Tudo o que é disponibilizado para ser utilizado pelo usuário deve ser considerado um serviço. Ok? Vejamos um exemplo didático: uma nova funcionalidade em um sistema deve ser considerada um novo serviço. A questão é: por que considerar um novo serviço?

Vou tentar esclarecer com algumas reflexões:

1. Quais são a disponibilidade e a capacidade necessárias para viabilizar essa nova funcionalidade? Exemplo: em um sistema hospitalar, uma nova funcionalidade deve disponibilizar a prescrição de medicamentos para os pacientes. Quantos médicos devem acessar esse serviço? O serviço será acessado 24 horas por dia, durante todos os dias da semana? Se esse serviço parar de funcionar, em quanto tempo deve ser restaurado? A resposta é sim, é necessário avaliar o impacto do novo serviço em relação à sua disponibilidade e capacidade.
2. No caso de dúvidas ou falhas na nova funcionalidade, quem vai responder? É necessário estruturar níveis de suporte para garantir o tempo de resposta adequado, de acordo com a disponibilidade exigida.
3. É necessário implantar o serviço? Gestão de mudanças? Na grande maioria das vezes, é fundamental planejar a implantação do serviço de forma a minimizar as habituais resistências, garantindo assim o melhor uso do serviço disponibilizado.

Pelos motivos supracitados, tudo que for disponibilizado para a utilização do usuário deve ser considerado um serviço. Dentro desse contexto, entende-se que uma equipe de serviços de TIC, com foco em sistemas de informação, pode atender aos seguintes tipos de requisições de serviços:

- **História do Usuário:** conceito utilizado para descrever, de forma simples e objetiva, uma vontade desejada pelo usuário do serviço.

Normalmente, esse padrão deve explicar para quem e por que a funcionalidade está sendo solicitada e do que se trata.

- **Melhoria:** qualquer necessidade do usuário que venha a melhorar o serviço já utilizado. Deve seguir um padrão de escrita similar à história do usuário, porém de forma mais simplória.
- **Incidente:** qualquer interrupção não planejada de um serviço de TIC ou falha de um item de configuração que ainda não afetou o serviço.
- **Problema:** normalmente identificado por um conjunto de incidentes ocasionados pelo mesmo "problema". É a causa-raiz de um ou mais incidentes.
- **Defeito:** qualquer falha que tenha ocorrido em um serviço ainda não disponibilizado.
- **Requisição de serviço:** qualquer requisição formal de um usuário para algo a ser fornecido. Exemplo: carga em banco de dados, dúvidas, informações, etc.

Após essa pequena introdução, pode-se iniciar a análise da relação das fases da ITIL® com os métodos ágeis. Os próximos cinco subitens estão divididos pelas cinco etapas do ciclo de vida da ITIL® no intuito de expor o vínculo entre as metodologias.

5.2.1. Estratégia de Serviço e métodos ágeis

Um dos grandes objetivos da etapa de Estratégia de Serviço está na entrega de valor para o cliente. Ou seja, o cliente deve alcançar os resultados desejados com o serviço que lhe foi disponibilizado. Logo, a agregação de valor na solução é fundamental para o sucesso da estratégia de serviço.

Você já deve ter percebido a principal relação, não? Lembra do Manifesto Ágil citado anteriormente? O manifesto dita, no conjunto de seus valores, a seguinte premissa: "nossa maior prioridade é satisfazer o cliente, através da entrega adiantada e contínua de **software de valor**". Logo, os métodos ágeis visam a entrega de valor ao cliente. No *Scrum*, o principal responsável por essa etapa é o Dono do Produto (*Product Owner*), o qual deve maximizar o valor do produto e do trabalho da equipe de desenvolvimento.

Com a compreensão da relação supracitada até aqui, os próximos subitens farão mais sentido, pois abordarão processos importantes em relação à estratégia no gerenciamento de serviços de TIC, fazendo uma pequena discussão sobre quais as funções que a equipe de serviços ágil deve assumir.

5.2.1.1. TIC x estratégia da empresa

Chamamos a atenção para o seguinte valor do Manifesto Ágil: "simplicidade: a arte de maximizar a quantidade de trabalho que não precisou ser feito"[17]. Acredito que este seja o que melhor representa a relação entre as práticas, pois a gestão da estratégia reduz custos e desperdícios, eliminando o trabalho desnecessário de maneira a acelerar o alcance dos objetivos definidos.

A combinação entre as visões nessa etapa depende da estrutura de cada empresa. No entanto, o objetivo de manter a TIC direcionada para a estratégia da empresa deve ser cumprido. Logo, ao iniciar as discussões de um novo produto é fundamental que este esteja vinculado com a estratégia da empresa e, além disso, tenha objetivos claros para todos da equipe.

Essas discussões de definições iniciais devem ser realizadas na primeira *Sprint* (conhecida também como *Sprint* 0), pois trata-se de uma iteração de preparação técnica e estratégica da equipe. No entanto, mesmo quando se inicia com a visão estratégica definida, a equipe pode perder essa direção no meio do caminho, ou, até mesmo, a estratégia pode mudar devido a movimentos de mercado e *feedbacks* de clientes em relação às primeiras versões disponibilizadas.

Por esse motivo, a equipe deve sempre estar atenta aos seus números e indicadores que medem o alcance dos objetivos do produto, respeitando os pilares de transparência, inspeção e adaptação do *Scrum*. O time deve debater sobre a estratégia nas Reuniões Diárias, de Revisão da *Sprint*, de Retrospectiva da *Sprint* e de Planejamento da *Sprint*. Esse assunto deve estar vivo durante todos os dias de trabalho. Caso seja necessário mudar, mude, adapte-se, mas conquiste o objetivo estratégico definido.

Apesar de o Dono do Produto (*Product Owner)* ter grande responsabilidade em relação à estratégia, por ter o objetivo de maximizar o valor do produto, todos que participam da equipe devem se sentir tão responsáveis quanto o PO por alcançar a estratégia definida. Lembre-se da equipe de futebol.

---

[17] Reproduzido do site <http://agilemanifesto.org>. Acesso em: 20 out. 2017.

5.2.1.2. *Backlog* do Produto e Portfólio de Serviço

E se o *Backlog* do Produto fosse o Portfólio de Serviço? Sabe-se que a gestão do Portfólio de Serviço apresenta um conceito mais amplo do que o *Backlog* do Produto, mas os objetivos são similares. De acordo com a ITIL®, o Portfólio de Serviço se divide em três momentos:

- **Funil de serviço:** é a relação de serviços em avaliação para serem desenvolvidos e publicados. São novos serviços ainda não publicados para uso do cliente final.
- **Catálogo de serviço:** este item pode ser comparado ao cardápio de um restaurante. É um documento ou base de dados com todos os serviços publicados e disponíveis para visualização de clientes e usuários.
- **Serviços obsoletos:** é a relação de serviços que foram desativados, ou seja, que estavam disponíveis no catálogo para o cliente e, por decisão estratégica, foram desligados.

Conceitualmente, o *Backlog* do Produto está mais aderente à fase de funil de serviço, onde são catalogadas as necessidades de novos serviços ou mudanças nos serviços disponibilizados.

Assim como no *Scrum,* o Portfólio de Serviço deve ser uma relação de serviços catalogados por prioridade, com base em decisões estratégicas da organização. As estratégias de priorização podem variar de empresa para empresa, pois dependem do negócio e do contexto no qual o produto está sendo desenvolvido. Ambos os conceitos visam a efetividade na geração de resultados.

Assim, para transformar o *Backlog* do Produto em um portfólio, é necessária a inclusão das fases de catálogo de serviço e serviços obsoletos. Logo, o Dono do Produto (*Product Owner*) deve fazer gestão não apenas de novas solicitações, como também de serviços já disponibilizados, incluindo ainda aqueles que foram desativados.

Com o aumento do controle, pode-se perceber mais rapidamente se os resultados esperados foram obtidos ou não, possibilitando, dessa forma, responder a mudanças com maior eficiência. Percebe-se que, na prática, a grande maioria das equipes ágeis foca no método apenas para o desenvolvimento do produto, mas esquece da importância de verificar se os serviços disponibilizados estão atingindo o objetivo proposto.

5.2.1.3. E a parte financeira? Quanto custa? Qual o retorno do investimento?

Você alguma vez precisou fazer a gestão orçamentária de seu projeto? Pergunto isso porque normalmente essa função é realizada por um departamento específico voltado para essa finalidade dentro de cada organização. Mas suponha que sua empresa possua um orçamento anual de R$ 100 milhões e, destes, apenas 5% está reservado para a área de TIC. Considere ainda que a empresa apresente muitas demandas de TIC, as quais superam o valor disponibilizado.

Nesse sentido, é fundamental que o Dono do Produto (*Product Owner*) tenha um valor estimado do produto que deseja construir, para que, assim, consiga apresentar essa necessidade para sua empresa, a fim de obter a aprovação perante um colegiado ou comitê de TIC. Nesse momento surge uma importante questão: como saber o valor de um produto cujo fim não se conhece? Vários profissionais que trabalham com metodologias ágeis passam por esse problema, pois são cobrados por cronogramas extensos e custos de seus projetos ágeis. A recomendação para esse obstáculo é dividir as entregas por resultado esperado.

O Dono do Produto (*Product Owner*) precisa quebrar seu objetivo maior em uma série de pequenos objetivos que estão vinculados com cada entrega. Com o passar das iterações, a visão de custo e de *Sprints* necessárias para o alcance de seu maior objetivo fica mais clara; no entanto, saber o valor final do projeto antes de começá-lo não é possível, pois seu fim não é conhecido. Por isso, é fundamental alcançar os pequenos objetivos antes de vencer o maior. Assim, é construído um produto com base em resultados estratégicos.

Tabela 1. Pequeno exemplo de planilha financeira.

Produto de *e-commerce*				
Entregas	**Iterações necessárias**	**Resultados esperados**	**Percentual do objetivo**	**Valor do investimento**
Vendas de produtos	3	Aumento de 20% no faturamento	15%	R$ 60 mil
Inclusão de promoções	1	Aumento 10% nas vendas	5%	R$ 20 mil
Mais vendidos	–	–	–	–
Otimização SEO (*Search Engine Optimization*)	–	–	–	–

No caso de existir a necessidade de um plano financeiro mais detalhado, o caminho seria uma contagem de pontos de função estimada, pois, dessa forma, o gestor teria a previsão de custo do serviço ou funcionalidade disponibilizada para o cliente. No entanto, não se recomenda esse tipo de abordagem, tendo em vista que a grande maioria dos projetos de sistemas de informação não possui escopo definido, gerando, por essa razão, muito esforço da equipe para contar e recontar pontos de função.[18]

O planejamento financeiro é uma grande oportunidade para a equipe começar a pensar por pequenas hipóteses e objetivos. Aproveite isso!

5.2.2. Desenho de Serviço e métodos ágeis

Analisando os objetivos desta etapa e combinando com a metodologia *Scrum,* conclui-se que o PO deverá ser o principal responsável pelo Desenho de Serviço, seja através da construção do *Backlog* do Produto ou na condução do trabalho com toda a equipe através das reuniões de Planejamento da *Sprint.*

Nos subitens que seguem, serão abordados processos importantes de Desenho de Serviço.

5.2.2.1. PO e liderança do Desenho de Serviço

O líder do processo de construção do Desenho de Serviço tem como objetivo principal garantir que o desenho de serviços novos (histórias de usuário), ou as alterações dos serviços existentes (melhorias), atinjam os resultados estratégicos definidos na etapa anterior.

Dados os objetivos supracitados, entende-se que o processo deve ser liderado pelo *Product Owner* (PO), que tem como foco a otimização das entregas do produto, com grande apoio do *Scrum Master* e da Equipe de Desenvolvimento, de forma a alcançar os resultados esperados o mais rapidamente possível.

Lembre-se da pergunta feita no início deste livro: "você já se perguntou se a documentação produzida em tempo de construção do software é útil?". Normalmente, as equipes de desenvolvimento de sistemas acabam focando na

---

[18] Pontos de função: técnica utilizada para medir tamanho de projetos de desenvolvimento de sistemas de informação.

construção de documentações técnicas (histórias de usuário, melhorias, etc.) e esquecem as próximas etapas do ciclo de vida do serviço.

5.2.2.2. Catálogo de serviços

Mas o catálogo de serviços não faz parte do Portfólio de Serviço? Sim, e, além disso, também deve ser uma preocupação no momento de definição da estratégia do serviço. O gerenciamento do catálogo de serviços deve disponibilizar todas as informações dos serviços de forma clara para os seus clientes.

No caso de o PO ser o cliente, recomenda-se que o *Scrum Master* e a Equipe de Desenvolvimento sejam responsáveis por esse processo, no sentido de produzir toda a documentação necessária para o melhor entendimento dos serviços disponíveis para o cliente. Normalmente essa documentação é entregue através de planilhas, sistemas de gestão de projetos ou, ainda, dentro dos produtos disponibilizados.

No caso de o PO ser um analista de negócio, como normalmente ocorre, recomenda-se que este conduza o processo junto com o *Scrum Master* e a Equipe de Desenvolvimento.

5.2.2.3. Por que me preocupar com o nível de serviço?

Você já parou para pensar no nível de serviço desejado pelo seu cliente, nas histórias de usuário ou nas melhorias que a equipe tem desenvolvido? Uma equipe de desenvolvimento tradicional raramente apresenta esse tipo de preocupação. Porém, analisar a expectativa do cliente em relação ao nível de serviço que deseja é fundamental para que o produto desenvolvido consiga entregar o valor esperado.

Para ficar mais claro, veja o exemplo: suponha que seu cliente tem trabalhado junto com a sua equipe no desenvolvimento de um conjunto de funcionalidades com a finalidade de marcação de consultas ambulatoriais. O objetivo desse cliente é agilizar a marcação de consultas e reduzir, por consequência, as filas e os erros de agenda. Com base no objetivo de negócio, um requisito importante para atingir a expectativa do cliente está relacionado à disponibilidade do serviço.

Caso o produto saia do ar ou ocorra um incidente, certamente o cliente não deve atingir o resultado esperado. Nesse caso, pode ser interessante definir metas de nível de serviço:

- Incidentes de alta prioridade devem ser resolvidos em um prazo máximo de 1 hora.
- Incidentes de média prioridade devem ser resolvidos em um prazo máximo de 4 horas.

Veja que essa avaliação pode determinar inclusive um maior ou menor esforço no seu processo de qualidade de software, no processo de documentação, etc. Além disso, neste momento você deve decidir:

- A necessidade de atendimento será de nível 1, 2 e 3 de serviço?
- Será necessário atendimento 24/7 (disponibilidade) em algum dos níveis de serviço (normalmente nível 1)?
- No caso de existir um Núcleo de Operações e Controle (NOC), existe algum indicador importante para iniciar o monitoramento?

Lembre-se de um dos valores ágeis ("software em funcionamento mais que documentação abrangente") e perceba que o objetivo dos questionamentos anteriores é manter o sistema em seu mais perfeito funcionamento, garantindo a expectativa do cliente. Fique atento!

Apesar de o PO ser o responsável por trazer esses questionamentos, a equipe de suporte de nível 1 e 2 tem grande interesse nessas definições, logo é importante o alinhamento desses times. Além disso, a equipe de nível 3 de atendimento deve ter grande participação nessas definições, sendo o *Scrum Master* o principal responsável por garantir a integração e o alinhamento de todos os níveis de serviço.

5.2.2.4. Possuo capacidade necessária para disponibilizar o serviço de TIC?

A funcionalidade a ser disponibilizada possui capacidade de recursos (hardware, software e pessoas) suficientes para atender ao nível de serviço esperado pelo cliente? Normalmente, setores de TIC costumam dividir as equipes de infraestrutura e desenvolvimento. No segundo capítulo deste livro foi descrita a importância da formação de uma equipe multidisciplinar autossuficiente, com a inclusão, também, do profissional de infraestrutura.

Seguindo o raciocínio no exemplo citado no subitem anterior: para implantar uma funcionalidade de marcação de consultas ambulatoriais, serão necessárias pessoas nos guichês de atendimento dos pacientes, computadores para que os profissionais consigam acessar o sistema, profissionais para atendimento de nível 1, 2 e 3, etc. Além disso, é preciso analisar eventos sazonais. Imagine que sempre no início de cada mês o movimento para marcação de consultas é três vezes maior que nos últimos vinte dias do mês. Logo, sua equipe de atendimento deve ser maior no começo do mês, garantindo o nível de serviço acordado.

O principal responsável por essa preocupação no *Scrum* será o PO. No entanto, toda a equipe, incluindo equipes de todos os níveis de serviço, devem entender e estar de acordo sobre a capacidade adequada para o novo serviço. Com essa compreensão, na Reunião de Planejamento de *Sprint*, a Equipe de Desenvolvimento cria as atividades necessárias para a entrega do serviço de acordo com o combinado em relação à expectativa de capacidade.

O monitoramento adequado dos ativos do serviço disponibilizado para o uso do cliente é fundamental para que sejam identificados problemas de capacidade do serviço. Assim como em outros processos, todos da equipe devem reavaliar indicadores de capacidade do serviço e mudar rapidamente quando necessário, sem causar impacto para o cliente.

Seja em Reuniões Diárias ou de Retrospectiva da *Sprint*, o time deve sempre visar a automatização e a documentação de processos, para que, no caso de identificação de uma provável falha do serviço, rotinas automáticas façam a correção ou, ainda, equipes de primeiro nível de atendimento consigam identificar e corrigir a possível falha no serviço.

Perceba, frente ao exposto, a importância da etapa de desenho no que tange à preparação para a melhor transição e operação de serviço. Infelizmente, não planejar esses aspectos pode colocar tudo a perder.

5.2.2.5. Qual é a disponibilidade necessária?

Por quanto tempo sua infraestrutura de tecnologia precisa estar disponível? Normalmente essa resposta é 100%, mas qual é o custo disso? Qual é a necessidade? Serviços como hospitais exigem disponibilidade de 24 horas durante sete dias da semana, mas e os outros serviços? Você já se fez essa pergunta?

A gestão da disponibilidade deve garantir que os serviços entregues atendam às necessidades de disponibilidade impostas pelo negócio ao qual estão envolvidos, respeitando os níveis de serviço acordados. Assim, o custo dessa disponibilidade fica mais adequado à necessidade do cliente, permitindo ao negócio o atingimento de seus objetivos.

Por experiência prática, raramente equipes de desenvolvimento de sistemas de informação analisam esse aspecto. Essa visão deve estar presente com o objetivo de manter os serviços em seu melhor funcionamento, respeitando a expectativa do cliente.

O principal responsável por adequar a disponibilidade de acordo com a necessidade de negócio é a Equipe de Desenvolvimento, que, no entanto, deve manter o alinhamento com todos da equipe. Da mesma forma que no processo de gerenciamento da capacidade, todos da equipe devem reavaliar indicadores de disponibilidade do serviço e mudar rapidamente quando necessário, sem causar impacto para o cliente.

Por fim, a ideia de utilizar *cloud computing*, entre outras vantagens, é bastante interessante, no intuito de facilitar a gestão da disponibilidade de infraestrutura de TIC.

5.2.2.6. Segurança da informação, para quê?

Sua empresa possui uma Política de Segurança da Informação e Comunicação (POSIC)? Esse não é o tema principal deste livro, mas vale destacar que a POSIC é um documento fundamental para obter o melhor desempenho em relação à segurança da informação de uma empresa.

A POSIC determina as principais diretrizes de segurança da informação e comunicação que a empresa julga ser necessário para atingir seus objetivos, garantindo quatro grandes pilares: confidencialidade, integridade, disponibilidade e autenticidade da informação.

Um erro muito comum cometido pelas empresas é pensar que a construção da POSIC, bem como o seu gerenciamento, é de responsabilidade da área de TIC. A definição da segurança da informação deve ser construída de forma coletiva, com a participação de representantes de todas as grandes áreas da empresa, ficando a cargo do setor de TIC zelar pelas definições nos serviços que serão entregues.

No caso de existir uma Política de Segurança da Informação e Comunicação, é necessário consultar esse documento no planejamento de suas histórias de usuário e/ou melhorias, no que tange ao correto uso da informação a ser disponibilizada. Por exemplo: em um hospital, quem pode visualizar as informações de um paciente? O quão grave seria se, por acaso, um diagnóstico de uma paciente fosse visualizado por pessoas não permitidas? Reflita e avalie o tema com cuidado.

Para o caso de não existir uma POSIC, sugere-se que o assunto seja trabalhado pontualmente com o PO, além de reforçar junto a sua empresa a necessidade de que seja criada tal Política, porém pensando sempre de maneira coletiva (entre áreas). Além disso, você pode reforçar a ideia de constituição de um comitê de segurança da informação, com estrutura multidisciplinar, para debater assuntos dessa natureza.

Enfim, finaliza-se aqui a etapa acerca do Desenho de Serviço. Espero que possa ser útil ao seu aprendizado e/ou aplicação prática. No próximo subitem será abordada a etapa de Transição de Serviço e os métodos ágeis.

5.2.3. Transição de Serviço e métodos ágeis

Acredito que este seja o ponto principal que me motivou a decidir por escrever este livro. É exatamente nesta etapa que, normalmente, as equipes são separadas, seja por departamentos ou por setores. O fato é que existe um grande problema de gestão na separação dessas equipes, situação que gera sérios problemas de comunicação, o que, por consequência, acaba afetando diretamente a expectativa do cliente. Adiantando um pouco o assunto: não separe sua equipe de terceiro nível de atendimento, todos devem ser do mesmo time, com os mesmos objetivos!

Lembre-se do exemplo do café. Certamente a Transição de Serviço foi mal realizada ou, pior, não aconteceu. É necessário planejar a implantação de seus serviços! É nesse momento que a "mudança" será planejada.

Um processo de transição pode envolver diversas variáveis, dentre as quais destacam-se as mudanças de infraestrutura, políticas, processos, pessoas e cultura. Todas essas variáveis devem ser levadas em consideração no momento do planejamento da implantação de seus serviços. Caso contrário, sua entrega pode não funcionar da maneira que você e seu cliente imaginaram.

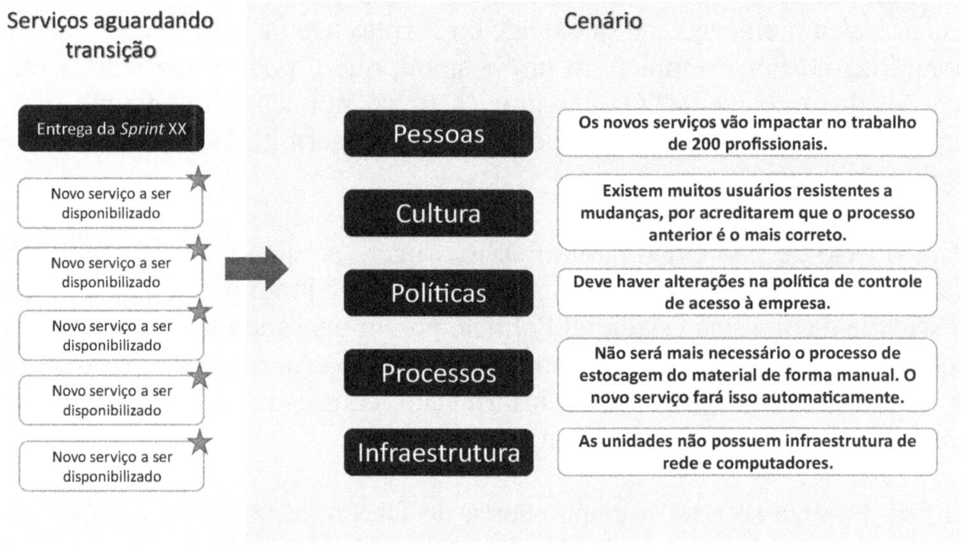

Figura 8. Exemplo de cenário de implantação de serviços.

A Figura 8 é apenas um pequeno exemplo de um cenário de transição de serviços. Veja que, no caso de não se avaliar o cenário, o conjunto de serviços aguardando transição certamente não funcionaria.

Além disso, chamo a atenção para a "não" separação das equipes nesse momento. Lembre-se de que uma equipe ágil deve ser autossuficiente, logo, deve ser capaz de iniciar e finalizar o processo de forma independente.

Evidentemente, as fases anteriores devem ser bem executadas para que a fase de transição seja bem planejada. As vantagens são inúmeras, mas, sem dúvida, o foco dessa etapa está no processo de gestão de mudanças. Uma transição bem realizada pode garantir satisfação do cliente, reduzir custos desnecessários, diminuir atrasos por eliminação de dependências, melhorar o aproveitamento dos serviços entregues, etc.

5.2.3.1. Por que mudar? Estou bem assim.

Um dos principais valores do Manifesto Ágil é "Responder a mudanças mais do que seguir um plano".[19] Então, como responder a mudanças de forma rápida, garantindo a qualidade do serviço?

As práticas ágeis aplicam esse valor com o conceito de entregas curtas e um *Backlog* do Produto vivo, que passa por priorizações constantes, de acordo com a visão do Dono do Produto (*Product Owner*). As mudanças de hoje podem ser priorizadas para a próxima *Sprint*, garantindo rápida resposta às alterações de escopo.

Do ponto de vista do gerenciamento de serviços de TIC, a principal preocupação está em realizar a mudança sem a interrupção do serviço. O procedimento de atualização de uma versão do produto, de preferência, não deve interromper os serviços em execução. Chama-se a atenção para mais um dos principais valores do Manifesto Ágil: "software em funcionamento mais que documentação abrangente"[20]. Construa documentações úteis em todo o processo de gestão do serviço. Construa base de conhecimento! No entanto, observe que o software funcionando também é uma prioridade em boas práticas ágeis.

Conforme exemplificado na Figura 8, é necessário entender todo o cenário envolvido em um processo de mudança. O Dono do Produto (*Product Owner*) deve conduzir, junto com o *Scrum Master*, a Equipe de Desenvolvimento e demais partes interessadas, as atividades desse processo.

5.2.3.2. Agora é hora de instalar o serviço de TIC

Sua equipe é responsável por instalar o serviço em um ambiente de produção? Possivelmente não. Conforme já citado antes, existe uma separação de equipes para execução desse processo. Um dos motivos da separação é proteger o ambiente de produção de falhas geradas a partir de uma atualização malfeita. Porém, normalmente, a equipe que passa o descritivo de como deve ser instalado o serviço é a turma do desenvolvimento. Não é assim? Parece estranho, não?

---

[19] Reproduzido do site <http://agilemanifesto.org>. Acesso em: 20 out. 2017.

[20] Reproduzido do site <http://agilemanifesto.org>. Acesso em: 20 out. 2017.

E se a turma de produção focasse em construir serviços de publicação em ambiente de produção de forma automatizada? Poderiam ser utilizados o Jenkins[21], o Bamboo[22], entre outros. Assim, os padrões de produção seriam mantidos, os riscos de erros seriam minimizados, as publicações seriam mais rápidas e, o melhor, a equipe construtora dos serviços conseguiria publicá-los sem dependência externa.

Nesse momento, a maior preocupação está em entregar o serviço de forma adequada, com construção e testes em ambiente de homologação, garantindo a expectativa do cliente em relação ao novo serviço. Essa fase pode ser debatida e planejada pela equipe em uma Reunião de Planejamento da *Sprint*.

A turma de produção e infraestrutura devem fazer parte da equipe construtora do serviço. Dessa forma, o assunto será mais bem planejado nas reuniões de planejamento de *Sprint*. Já ouviu falar em DevOps?

5.2.3.3. O serviço foi testado?

É preciso garantir a qualidade do serviço que está sendo entregue! Esse assunto é muito comum para equipes de desenvolvimento. Inclusive, a carreira do profissional de qualidade está bem estabelecida em empresas de tecnologia. Portanto, esse processo não apresenta novidades em relação a metodologias de desenvolvimento de sistemas.

Existem diversas técnicas de testes que você pode utilizar, mas antes você deve analisar o contexto do seu produto. Verifique o nível de qualidade exigido e invista o necessário para garantir a expectativa de seu cliente. Seguem algumas técnicas de teste que você pode utilizar:

- **Teste funcional:** realiza o teste com base nas regras de negócio ou critérios de aceitação descritos na história do usuário ou melhoria.
- ***Smoke testing*:** teste preliminar realizado na máquina do próprio desenvolvedor com o objetivo de encontrar falhas simples antes que

---

[21] Saiba mais sobre o aplicativo Jenkins no link <https://jenkins.io/>. Acesso em: 20 out. 2017.

[22] Saiba mais sobre o aplicativo Bamboo no link <https://www.atlassian.com/software/bamboo>. Acesso em: 20 out. 2017.

este *commit* a funcionalidade. Essa técnica pode economizar um bom tempo.

- ***Peer review*:** teste realizado por um par de profissionais com o objetivo de encontrar erros de desenvolvimento. Garante maior percepção de falhas, justamente por ser avaliada por duas pessoas.
- **Teste de unidade:** teste elaborado pelo desenvolvedor com o objetivo de testar uma função ou classe isolada do sistema.
- ***Code review*:** técnica onde outro profissional revisa o código-fonte desenvolvido, com o objetivo de garantir que este permaneça dentro dos padrões de qualidade definidos pela equipe.
- **Teste automatizado:** técnica onde se automatiza a execução de testes funcionais. Normalmente utilizada para os fluxos principais do produto, garante que, mesmo com alterações em códigos em apenas uma tela, as principais funcionalidades continuem funcionando.

Muitas outras técnicas podem ser utilizadas, tais como: teste de instalação, configuração, integridade, segurança, integração, volume, performance, usabilidade, etc. O fundamental é você aplicar as técnicas de acordo com o contexto do produto, no intuito de melhor atingir seu objetivo.

A etapa de qualidade deve ser realizada durante a *Sprint* por um profissional com a competência de teste de software que faça parte da equipe. Toda história de usuário e/ou melhoria deve ser composta de critérios de aceitação que serão utilizados no momento de seu teste.

5.2.3.4. Como o conhecimento gerado está sendo registrado?

Mais um assunto que poderia dar outro livro. Nos dias de hoje a capacidade de se comunicar e de trabalhar em equipe e explicitar todo o conhecimento construído de forma didática é um grande desafio. Diria que é a peça fundamental em um mundo onde respostas demoradas não são mais aceitas.

Um dos grandes pilares do valor "responder a mudanças mais que seguir um plano" está, também, na capacidade que você tem de construir, manter e distribuir conhecimento. Quanto mais rápida for a curva de aprendizagem de suas equipes, maior será o seu nível de qualidade e produtividade. Construa bases de conhecimento de forma inteligente, trabalhe a comunicação frente a frente e documente o que realmente será útil. Lembre-se sempre de que "o método mais eficiente e eficaz de transmitir informações para, e por dentro de, um time de desenvolvimento é através de uma conversa cara a cara".[23]

Você já se perguntou como anda sua gestão do conhecimento? Sem informação não há gestão, sem conhecimento constroem-se legados sem continuidade e, por consequência, são desperdiçados recursos e tempo. Faça com que sua equipe entenda seu valor, entenda a função de cada um dentro da estratégia da empresa. Será que todos sabem? Gestão do conhecimento é fundamental para se ter governança.

Equipes que entendem seu valor e que têm oportunidade de crescimento sempre trabalharão mais motivadas, mais contentes, mais comprometidas, etc. Cuide do conhecimento, jamais o centralize em uma pessoa!

5.2.3.5. Foi feito um planejamento de implantação?

Do que adianta ter feito tudo certo até aqui e quando for publicar o serviço ocorrer sérios problemas? Você vai perder muitos cabelos caso não planeje adequadamente a transição do novo serviço, bem como o suporte a este.

É importante haver harmonia entre os objetivos. Todos devem estar alinhados e entender do negócio envolvido para que a fase de transição seja superada da melhor maneira possível. Automatize tudo que pode ser automatizado, defina padrões, reduza o risco de erros e tenha paciência.

Esteja preparado para um aumento nas suas demandas de suporte, afinal, um novo serviço deve gerar novos chamados, não? Olhe os objetivos do negócio envolvido, veja a disponibilidade e a capacidade necessárias para que a atualização ocorra no momento correto.

A equipe deve ter essa preocupação. Discuta esses temas nas reuniões de Planejamento da *Sprint* e nas Reuniões Diárias, analise seus riscos nesses encontros, sempre visando o menor impacto para o negócio.

Enfim, finaliza-se aqui a etapa acerca de Transição de Serviço, que espero que possa ser útil ao seu aprendizado e/ou aplicação prática. No próximo subitem será abordada a etapa de Operação de Serviço e os métodos ágeis.

---

[23] Reproduzido do site <http://agilemanifesto.org>. Acesso em: 20 out. 2017.

5.2.4. Operação de Serviço e métodos ágeis

Finalmente o serviço foi publicado! Nossa, que trabalheira até aqui, não? E se eu lhe disser que é agora que a maior parte do trabalho começa? O serviço não existia antes, logo, ao publicá-lo, este deve começar a ser utilizado e as demandas certamente começarão a surgir. Mas, é claro, a equipe planejou tudo isso e sabe o impacto que terá com as novas requisições de serviço.

Não é tema deste livro, mas, caso tenha interesse, procure ler mais sobre *Lean* e MPV (Mínimo Produto Viável). Você vai perceber que quando se coloca o produto para funcionar, este ganha experiência com *feedbacks* de quem realmente usa o serviço, sendo esta a melhor contribuição possível. É nesse momento que se começa a aprender. Lembre-se: "software funcional é a medida primária de progresso"!

Concentre-se nessa fase, pois é agora que o valor do serviço vai ser colocado em prova. Boas práticas ágeis podem ajudar muito na eficiência dessa etapa. O suporte deve ser no tempo e com a qualidade adequada para que o produto mantenha ou supere seu valor para o negócio.

5.2.4.1. O serviço entregue está sendo monitorado?

Na prática, por que é necessário monitorar o serviço de TIC entregue? Para garantir que o produto não vai parar de funcionar, pois qualquer possível falha será identificada e corrigida antes que ocorra e acabe por prejudicar o cliente. Monitore, monitore, monitore! Essa ação, além de reduzir riscos, diminui custos e muitas vezes evita um desgaste desnecessário com seu cliente.

Novamente ele, o princípio do manifesto ágil: "software funcional é a medida primária de progresso". O motivo de você gerenciar eventos é agir de forma proativa no sentido de manter o serviço em seu funcionamento natural, sem causar impacto para os seus usuários – ou seja, no caso de um software, mantê-lo funcional é a grande prioridade desse processo.

E como decidir o que deve ser monitorado? A equipe deve trazer o assunto para debate com o Dono do Produto (*Product Owner*), entendendo, em um primeiro momento, o principal processo do serviço a ser publicado. Manter o fluxo principal do serviço em funcionamento deve ser priorizado, pois, em caso de falha, será o maior impacto.

A equipe de desenvolvimento deve incluir no seu *Backlog* da *Sprint*, de acordo com as suas prioridades, a implementação dos itens a monitorar. Na Reunião de Retrospectiva da *Sprint* a equipe pode debater esse aspecto para entender o que pode ser melhorado e, assim, criar novas atividades para aperfeiçoar o monitoramento dos eventos.

5.2.4.2. E no caso de ocorrer uma falha em produção, o que fazer?

Um incidente é uma interrupção/falha não planejada de um serviço de TIC. A grande missão de gerenciar incidentes é minimizar o máximo possível o impacto no cliente, corrigindo os incidentes o mais rápido possível e garantindo assim a qualidade do serviço.

Segue a ilustração que apresenta todo o fluxo do gerenciamento de um incidente de acordo com a ITIL®:

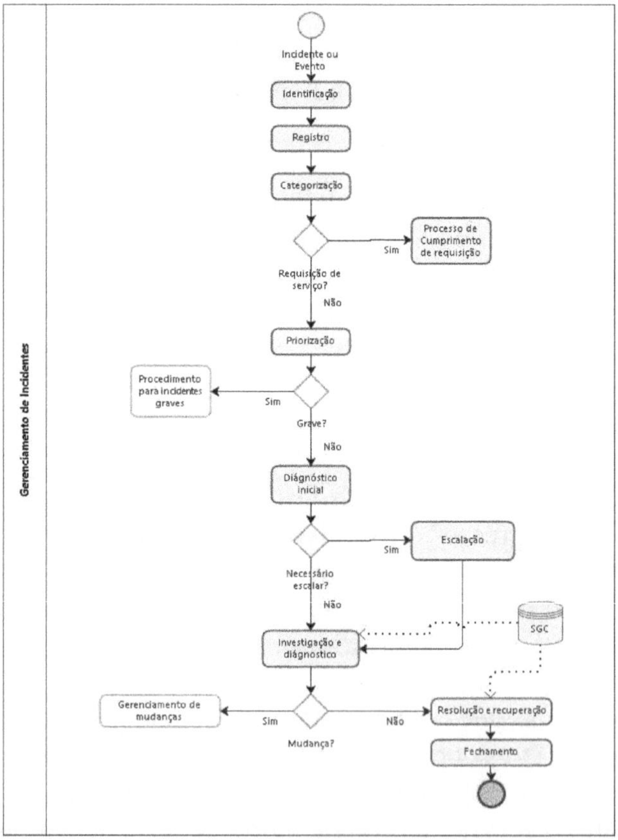

Figura 9. Atividades do gerenciamento de incidentes (adaptado de: FREITAS, 2013).

Segue uma breve explicação das atividades executadas:[24]

- **Identificação do Incidente:** este é o primeiro passo do fluxo. O registro do incidente é realizado através de um canal (e-mail, telefone, sistemas, etc.) disponibilizado pela função Central de Serviços.
- **Registro do Incidente:** é necessário ter um local onde são registrados todos os incidentes, com todas as informações relevantes, para facilitar sua correção.
- **Categorização do Incidente:** todos os incidentes devem estar classificados de acordo com os critérios definidos pela empresa.
- **Priorização do Incidente:** todo incidente deve ser priorizado com base em uma matriz de risco com impacto *versus* urgência. Por meio dessa análise deve ser dado um código de prioridade para cada incidente.
- **Diagnóstico Inicial do Incidente:** é realizada uma avaliação inicial do incidente, no intuito de encontrar o sintoma do incidente e identificar o modelo do incidente. Normalmente, essa avaliação inicial é realizada pela Central de Serviços (primeiro nível).
- **Escalação do Incidente:** se no primeiro diagnóstico for concluído que a equipe da Central de Serviços não está apta para resolver o incidente, este deve ser escalado rapidamente para outro nível de suporte, com maior capacidade para solucioná-lo.
- **Investigação e Diagnóstico do Incidente:** apresenta uma série de atividades no intuito de ampliar a compreensão do motivo de ter ocorrido o incidente:
  - ✓ Identificar o que está fora da operação padrão de um serviço.
  - ✓ Entender a cronologia dos eventos que levaram ao incidente.
  - ✓ Confirmar as informações que levem à classificação de priorização.
  - ✓ Identificar os eventos que podem ter iniciado o incidente.
  - ✓ Analisar informações do sistema de gerenciamento de conhecimento de serviço para identificar incidentes que já ocorreram, registro de problemas, base de erros conhecidos, informações de fornecedores, informações de eventos ou requisições de mudanças.
- **Resolução e Recuperação do Incidente:** responsável por identificar e aplicar a solução do incidente. Caso a solução seja escopo do processo de Gerenciamento de Mudanças, deverá ser aberta uma Requisição de Mudança (RDM). Após solução aplicada, o registro

[24] Adaptado de FREITAS, 2013.

do incidente deverá ser atualizado e encaminhado para a Central de Serviços, para o fechamento do incidente.

- **Fechamento do Incidente:** verifica se o incidente foi realmente resolvido e se o usuário está satisfeito com a solução aplicada. O incidente deve ter suas informações revisadas, evitando assim erros de documentação. Esta etapa deve ser executada pela Central de Serviços, que, além disso, verifica se os níveis de detalhamento do histórico do incidente estão de acordo com as políticas de registro de incidentes. Por fim, encerra o incidente.

Defeitos são inevitáveis, independentemente do esforço de qualidade que é realizado, e testar todas as possibilidades existentes em um serviço a ser publicado, na grande maioria dos casos, é impossível. Então aí está um desafio! Prepare-se para responder, com a maior velocidade possível, em caso de ocorrência de falhas no produto disponibilizado.

Estruture uma base de conhecimento útil o suficiente para que os seus níveis 1 e 2 de serviço consigam solucionar a maior parte dos incidentes. Evite sempre dividir sua equipe de nível 3 em departamentos e áreas; estes devem fazer parte da mesma equipe. No Capítulo 6 o assunto será mais bem explicado na prática.

Sim, seu cliente não vai gostar nada de saber que o produto que ele comprou tem apresentado falhas em ambiente de produção, e ele tem toda a razão. Logo, as equipes devem estar preparadas para atender e priorizar esse tipo de chamado.

5.2.4.3. Os incidentes não param e são repetitivos; será que não existe um problema maior?

Um problema é a causa-raiz de um ou mais incidentes. A causa, geralmente, não é conhecida no momento em que o registro de problema é criado. O processo de Gerenciamento de Problemas é o responsável pela investigação adicional.

Um gerenciamento de problemas bem estruturado representa um ganho importante nos serviços prestados, pois este pode ser considerado de grande valia na etapa de Melhoria Continuada de Serviço. De acordo com sua proposta, a cada problema corrigido são eliminados alguns incidentes que ocorrem com certa frequência – e aqui pode se perceber, claramente, a importância da documentação dos incidentes, pois somente com informações bem organizadas e completas é possível encontrar e diagnosticar um problema.

Por exemplo: suponha que você é dono de um restaurante e que um dos lotes de um determinado produto "A" entregue sempre pelo fornecedor "B" esteja com a data de validade vencida. Sem perceber, você serve normalmente seus clientes até que as reclamações (incidentes) começam a chegar nos garçons de seu restaurante. Para resolver o incidente, basta você servir um novo prato para o cliente e pedir as devidas desculpas pelo erro. No entanto, para resolver o problema você deve descobrir o lote que está com a validade vencida e devolver para o fornecedor, evitando uma série de novas reclamações (incidentes).

Apenas para o melhor entendimento desse processo, segue uma ilustração de seu fluxo, segundo a ITIL®, que é muito parecido com o que foi apresentado na Figura 9.

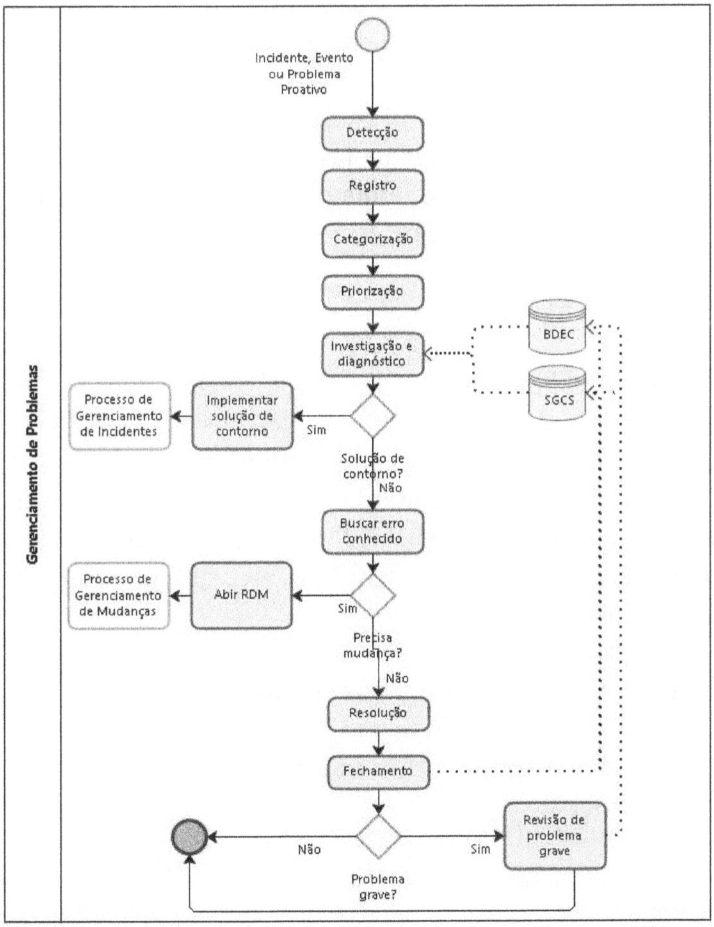

Figura 10. Atividades do gerenciamento de problemas (adaptado de: FREITAS, 2013).

Como alguns processos desse fluxo já foram apresentados na seção anterior, a seguir serão descritos apenas os não vistos anteriormente.

- **Implementar solução de contorno:** este processo tem a finalidade de resolver o incidente com uma solução de contorno, enquanto ainda não se tem a solução final do problema.
- **Buscar erro conhecido:** como o próprio nome diz, o erro conhecido é todo problema que já possui sua causa-raiz ou a solução de contorno documentada.

Para estruturar esse processo é necessário ter uma boa ferramenta de gerenciamento, pois, para que se tenha uma melhor percepção do problema, é necessário que todos os incidentes estejam cadastrados em uma mesma ferramenta ou que os dados estejam integrados de forma que a própria ferramenta consiga identificar um possível problema.[25]

Normalmente, problemas demoram mais tempo para serem resolvidos, portanto a equipe deve priorizar e planejá-los dentro de suas *Sprints*. Priorize soluções de contorno para que se tenha o menor impacto possível no negócio do cliente, mas não se esqueça, de forma alguma, de planejar a solução do problema.

5.2.4.4. E os outros chamados?

Requisição de serviço (chamado) pode ser traduzida como um registro de um usuário de alguma informação, dúvida, sugestão ou até mesmo de uma mudança de rotina ou acesso a um serviço de TIC. Normalmente, esse é o nome dado às demandas de um departamento de TIC, que geralmente são tratadas pela Central de Serviços.

Esse tipo de demanda deve atender aos seguintes objetivos:

- Oferecer aos usuários um canal no qual eles possam requisitar e receber serviços.

[25] Dica: uma solução livre e de fácil acesso que pode auxiliá-lo como ferramenta de gestão de projetos é o redmine.org.

- Fornecer aos usuários e clientes informações sobre a disponibilidade dos serviços e procedimentos para poder obter tais serviços.
- Auxiliar em informações gerais, questionamentos e reclamações.

Analisando seus objetivos, fica evidente a importância desse conceito, pois o usuário somente pode requisitar uma demanda se existir um canal de comunicação entre ele e a Central de Serviços. Logo, é necessário ter um procedimento padrão para requisitar serviços. As atividades desse processo são simples, porém fundamentais.

Você pode estar se perguntando: quem deve resolver as requisições de serviço? Seria a Equipe de Desenvolvimento? Não é a melhor alternativa. Requisições de serviço devem ser solucionadas por um time de atendimento de primeiro nível, que trabalha na modalidade de Central de Serviços, através de documentação gerada pela equipe de nível 3 (PO, *Scrum Master* e Equipe de Desenvolvimento). Essa ação permite que a equipe de nível 3 trabalhe focada na evolução do produto, construindo novas funcionalidades e melhorias nos serviços.

E como que a equipe de nível 3 sabe o que deve ser documentado para o suporte de nível 1? Na Reunião de Retrospectiva da *Sprint* é necessário que a equipe traga números para avaliar os incidentes e requisições de serviço que estão sendo solucionados pelo time. Com uma simples análise será possível entender o que deve e pode ser documentado para que seja solucionado pela equipe de nível 1 de atendimento, como, por exemplo:

- Cadastrar novo usuário.
- Trocar senha de usuário.
- Pequenas orientações sobre o sistema.
- Esclarecimento de dúvidas.
- Algumas configurações do sistema.

Após a definição da equipe (PO, *Scrum Master* e Equipe de Desenvolvimento), as atividades de documentação priorizadas devem entrar no *Backlog* da *Sprint*, de acordo com as prioridades definidas junto ao Dono do Produto (*Product Owner*).

5.2.4.5. Quem deve fazer o contato de suporte com o usuário?

Também chamada de primeiro nível de atendimento, a Central de Serviços tem uma função muito especial, pois é por meio dela que será mantido contato com o usuário, as informações serão zeladas e as requisições de primeiro nível serão corrigidas, com vistas a escalar as requisições para as equipes corretas e, dessa forma, maximizar a velocidade de solução da requisição.

Para essa função é fundamental possuir uma base de conhecimento bem completa, mas simples de ser utilizada, pois assim a Central de Serviços consegue resolver um número de requisições ainda maior. As principais atividades de uma Central de Serviços são:

- Cadastrar requisições importantes, categorizando-as e priorizando-as.
- Realizar um suporte de primeiro nível.
- Ter a habilidade de escalar as requisições para equipes especialistas.
- Monitorar a evolução das requisições.
- Solucionar incidentes quando tiver o conhecimento necessário.
- Manter os usuários informados sobre as suas solicitações.
- Encerrar as requisições concluídas.
- Monitorar a satisfação dos usuários.

Para a execução dessas atividades, a Central de Serviços pode ser estruturada em quatro tipos:

- **Local:** fica alocada na própria unidade onde o atendimento deve ser fornecido.
- **Centralizada:** fica em uma única unidade, podendo atender a vários outros locais, mas com as informações centralizadas em um único local.
- **Virtual:** havendo uma ferramenta onde todas as requisições são cadastradas, as equipes de atendimento podem exercer sua atividade em qualquer parte do mundo.
- **Siga o sol:** as centrais de serviços são estruturadas com base nos fusos horários de cada uma. Cada central trabalha de acordo com o horário comercial de seu país e, dessa forma, sempre que houver a luz do dia no local, uma equipe vai estar trabalhando e garantindo um atendimento 24 horas.

A estrutura da Central de Serviços extrapola a Equipe de Desenvolvimento, o Dono do Produto (*Product Owner*) e o *Scrum Master*. Sugere-se, caso seja necessário, a criação de uma equipe focada no atendimento de primeiro nível de suporte, conforme citado. No entanto, evite criar uma Central de Serviços que apenas faça a triagem dos chamados abertos, pois, nesse caso, você vai estar criando uma estrutura que deve aumentar seu tempo de resposta na operação do serviço.

Ao criar uma equipe para suporte de nível 1, é fundamental que esta seja resolutiva, pois quanto mais chamados essa estrutura resolver, menor será seu custo de suporte e maior será sua capacidade de evolução ou melhoria continuada do serviço. Caso sua equipe de desenvolvimento seja a única estrutura de suporte, é provável que esta perca um bom tempo respondendo dúvidas e chamados diversos, os quais poderiam ser resolvidos por uma estrutura criada com esse foco.

Crie sistemas intuitivos, pois assim você também estará reduzindo o custo de suporte e valorizando a usabilidade do seu serviço. Um bom sistema não precisa de manual para ser utilizado.

5.2.5. Melhoria Continuada de Serviço e métodos ágeis

E para que servem os cabelos brancos se você não está disposto a mudar? Se não está disposto a aprender, evoluir e se adaptar? A melhoria contínua é a essência do crescimento, seja pessoal ou profissional. Faça esse exercício diariamente, se autoavalie e mude quando necessário! O mundo ao seu redor muda de forma rápida e contínua.

No contexto da ITIL®, o principal objetivo da Melhoria Continuada de Serviço é perceber as mudanças ao seu redor e adaptar-se, no intuito de responder às novas necessidades do negócio envolvido.[26] Para as boas práticas ágeis a melhoria contínua é vital para o sucesso do modelo, sendo, inclusive, um dos pilares do *Scrum*: transparência, inspeção e "adaptação".

[26] Adaptado de: FREITAS, 2013.

Lembro e trago aqui um dos valores contidos no Manifesto Ágil para reflexão: "em intervalos regulares, o time reflete em como ficar mais efetivo, então, se ajustam e otimizam seu comportamento de acordo". Observe novamente a similaridade de valores entre as práticas. O espírito ágil olha para a motivação e efetividade das suas equipes, pois acredita-se que, dessa forma, tudo ao redor desses times deve melhorar, inclusive os seus serviços.

Enquanto o *Scrum* recomenda uma reunião de retrospectiva para análise dos pontos a melhorar, na etapa de Melhoria Continuada de Serviço da ITIL® é utilizada a ferramenta PDCA (*Plan*, *Do*, *Check* e *Act*), também conhecida como "ciclo de Deming", que tem o objetivo de apoiar no controle de processos de gestão ou no gerenciamento de projetos.

- ***Plan* (Planejar):** deve ocorrer o "Planejamento", abordando missão, visão, metas e objetivos, no intuito de entender onde seus processos devem estar.
- ***Do* (Executar):** ocorre a "Execução" das atividades planejadas na fase anterior.
- ***Check* (Verificar):** ocorre a verificação das métricas e dos indicadores planejados para monitorar os processos, gerando relatórios que apresentam se as ações executadas estão de acordo com o planejamento.
- ***Act* (Agir):** momento onde devem ser identificadas as causas de erros ou desvios nos processos. Com isso, ao retornar para a fase de planejamento, tem-se a possibilidade de corrigir os erros criando soluções que os resolvam.

Além de usar o PDCA como ferramenta de controle, a ITIL® apresenta apenas um processo nessa etapa, que será visto a seguir.

5.2.5.1. Processo de Sete Passos da Melhoria Continuada

A ITIL® propõe, de forma estruturada, sete passos para aplicar a melhoria em seus serviços, conforme pode ser visualizado na imagem que segue (Figura 11).

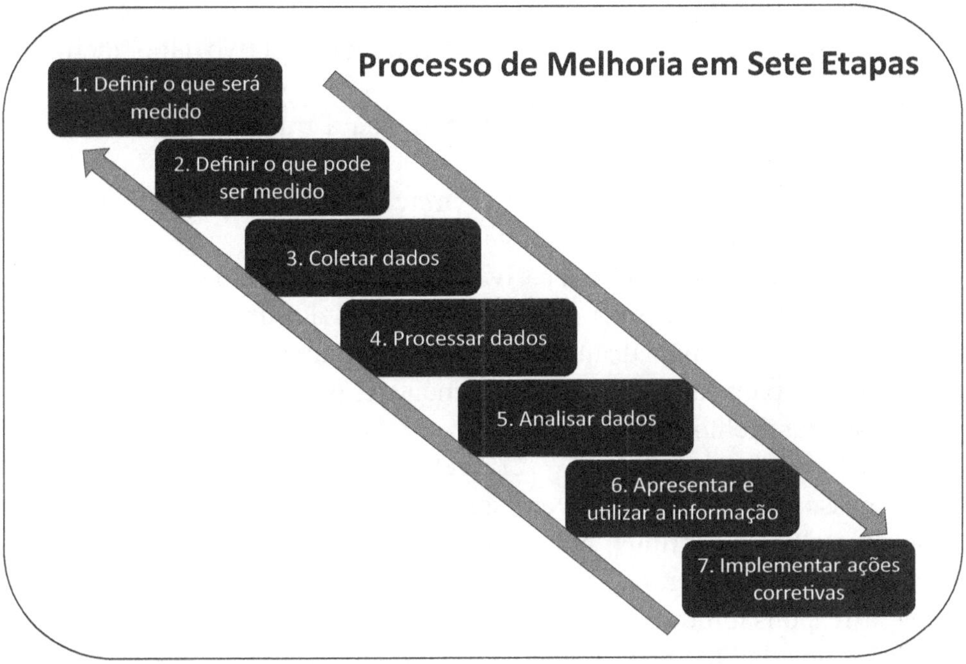

Figura 11. Passos para melhoria (adaptado de: FREITAS, 2013).

É por intermédio da aplicação desses sete passos que deverá ser implementado o ciclo PDCA. A seguir, vamos esclarecer cada um dos sete passos previstos para a melhoria de processos vistos na Figura 11, segundo a ITIL®.

1. **Definir o que será medido:** para saber o que deve ser medido é preciso ter objetivos bem claros de acordo com a estratégia de seu produto. Este passo tem por objetivo identificar o que deveria ser medido no caso de o serviço estar em uma situação ideal para o negócio e para TIC. Essas informações devem ter sido identificadas nas etapas de Estratégia e Desenho de Serviço.
2. **Definir o que pode ser medido:** o que realmente pode ser medido em relação ao que foi definido no passo 1? Neste passo deve ser selecionado o que pode ser medido levando em consideração a realidade atual da empresa, fazendo a seguinte análise: "onde queremos estar e onde estamos agora".
3. **Coletar dados:** define as ferramentas e inicia a coleta dos dados de acordo com que foi definido nas etapas anteriores.

4. **Processar dados:** para o melhor uso dos dados, estes devem ser processados, de forma a limpar e formatar o respectivo dado, facilitando a visualização e posterior análise.
5. **Analisar dados:** fase onde é realizada a transformação dos dados brutos em informações úteis.
6. **Apresentar e utilizar a informação:** as informações devem ser apresentadas de forma simples e didática.
7. **Implementar ações corretivas:** pronto! Agora é o momento de agir, mudar e adaptar seus processos. Através das análises realizadas, os serviços que não alcançaram o objetivo planejado deverão ser reavaliados para identificar as deficiências e, posteriormente, propor e/ou aplicar melhorias.

Os sete passos apresentados devem ser utilizados como uma ferramenta de gestão da melhoria contínua. No Capítulo 6 adiante o assunto será mais explorado. No entanto, segundo já mencionado anteriormente em algumas passagens, a responsabilidade de melhorar é de todos (*Product Owner*, *Scrum Master*, Equipe de Desenvolvimento, etc.), pois, caso contrário, não será uma equipe. Use os sete passos para observar a sua *Sprint* e, na Reunião de Retrospectiva, defina as ações corretivas a serem implementadas.

6. Método de trabalho – equipe ágil de serviços de TIC

Ressalto aqui, novamente, o pré-requisito mais importante para obter sucesso na aplicação dessa nova abordagem:

- **Formação de uma equipe ágil:** a formação de uma equipe multidisciplinar que reúna um conjunto de conhecimentos capaz de torná-la autossuficiente no alcance dos seus objetivos é primordial para o melhor aproveitamento da metodologia aplicada.

Sugere-se que essas equipes apresentem o tamanho máximo de dez pessoas, sendo que todas devem possuir os papéis definidos no *Scrum* e, de preferência, ser equipes de nível 3 de atendimento.

Os membros das equipes devem possuir maturidade suficiente para trabalhar em grupo, com alta capacidade de comunicação e devem ser capazes de se autogerenciar sem depender de uma pessoa para dizer o que deve ser feito. As principais características recomendadas são:

- Maturidade.
- Proatividade.
- Transparência.
- Flexibilidade.
- Alta capacidade de comunicação.
- Alta capacidade de trabalhar em equipe.

Essas características são fundamentais para o sucesso do método. Além disso, vale lembrar que gestão de serviços de TIC exige um plano de comunicação que não seja complexo, a fim de agilizar o processo principalmente na etapa de Operação de Serviço.

Analisando o contexto de uma área de serviços de TIC, fica claro que esta não possui tempo hábil de reunir toda a sua equipe para realizar reuniões de Planejamento de *Sprint* ou Revisão de *Sprint*, conforme o sugerido no *Scrum*. Essas cerimônias têm um tempo variável de acordo com o tamanho da *Sprint* – por exemplo, para uma *sprint* de duas semanas é sugerida uma reunião de quatro horas para o Planejamento da *Sprint*.[27]

Seguindo essa lógica, caso fosse realizada uma *Sprint* de uma semana, seria necessária uma Reunião de Planejamento de duas horas, parâmetro este que ainda se torna arriscado para uma equipe de serviços de TIC.

Nesse momento surge a necessidade de unir os conceitos de gestão de serviços de TIC, *Kanban*, *Scrum* e XP, a fim de solucionar pontos como:

- Comunicação rápida e eficiente.
- Capacidade de planejamento.
- Rápida resposta a mudanças.
- Priorização correta de serviços.
- Trabalho em equipe.
- Melhoria contínua de serviço.
- Colaboração.
- Alinhamento entre a estratégia do negócio e a TIC.

Entende-se ainda que é preciso realizar um planejamento priorizando as atividades de acordo com a estratégia, de forma mais rápida e com a mesma eficácia. É importante ressaltar que requisições de serviço ou incidentes, em sua grande maioria, não apresentam o mesmo grau de complexidade de uma história de usuário, fato este que possibilita a redução de tempo do planejamento sem perder a eficácia da cerimônia. Sendo assim, seguem as sugestões do método de trabalho das equipes.

6.1. Como usar o *Kanban*?

O time (PO, *Scrum Master* e Equipe de Desenvolvimento) deve possuir um quadro de *Kanban* com as fases definidas pela própria equipe, seguindo os conceitos apresentados no Capítulo 3.

---

[27] Adaptado do livro "Guia do Scrum™" desenvolvido e mantido por Ken Schwaber e Jeff Sutherland.

Além disso, caso haja uma ferramenta de gestão de projetos, sugere-se que esta siga o mesmo fluxo definido no *Kanban*, a fim de facilitar o processo. Assim, é criado um ambiente informativo, conforme orientação do XP, aumentando então a capacidade de comunicação.

A equipe passaria a ganhar apoio de forma visual, o que expõe gargalos e falhas do processo para toda a equipe, permitindo a autogestão e a participação de todos na melhoria contínua do processo. Cada membro da equipe deve perceber seu valor no resultado final e com isso sugerir melhorias no processo como um todo. Veja o exemplo que segue.

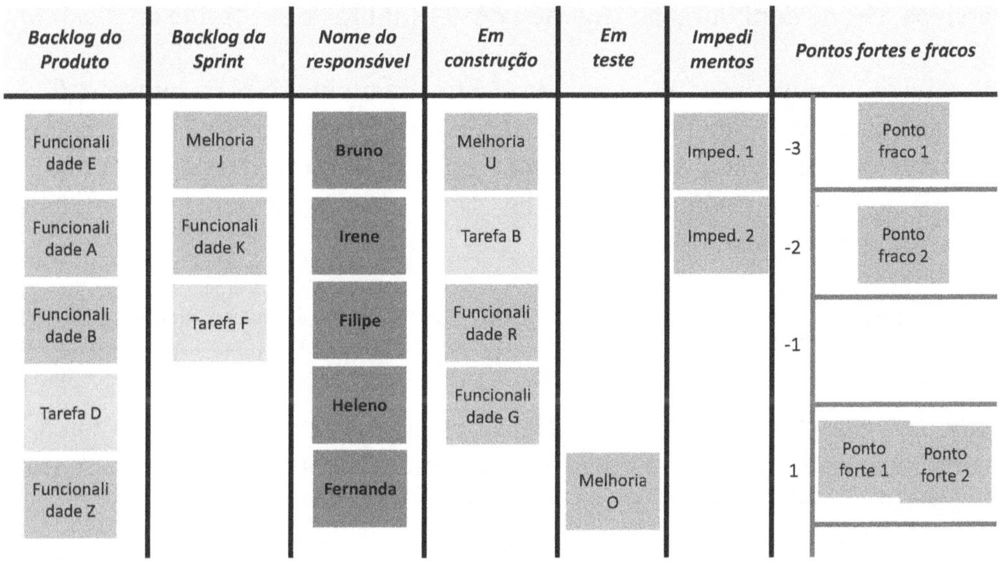

Figura 12. Exemplo de quadro visual/*Kanban*.

Mas todos os incidentes, problemas, requisições, etc. devem ser colocados no *Kanban*? **Somente devem ser colocadas no *Kanban* atividades que demorem mais de um dia de trabalho (8 horas) para serem solucionadas** a fim de agilizar o atendimento. As atividades que não estão no *Kanban* devem ser alinhadas com a equipe na Reunião Diária realizada. Fique atento para não criar gargalos invisíveis; se a atividade demorar mais de 1 dia deve estar no *Kanban*.

6.2. Como devo organizar minhas *Sprints*?

O time (PO, *Scrum Master* e Equipe de Desenvolvimento) deve trabalhar em *Sprints* (conforme sugerido no *Scrum*) e procurar definir o tamanho ideal para suas iterações utilizando sempre o conceito de entrega contínua, ou seja, assim que uma atividade for concluída, publique-a em ambiente de produção. Não aguarde o final da *Sprint* para fazer as entregas. Ao final da iteração todas as atividades atendidas já devem estar funcionando para o usuário final.

A equipe deve realizar o planejamento da sua *Sprint* no primeiro dia da iteração, conforme sugerido no *Scrum*. A cerimônia deve ser realizada, de preferência, em pé com duração sugerida de 40 minutos e em frente ao *Kanban*.

As atividades devem ser movimentadas a fim de montar o planejamento. Caso o tempo não seja suficiente, siga os conceitos do *Scrum*, mas não esqueça que chamados podem estar sendo abertos. Após o término dessa cerimônia de planejamento, as atividades planejadas, caso existam, devem ser atualizadas na ferramenta de gestão.

Fique atento ao cenário de sua empresa antes de aplicar os conceitos aqui apresentados, pois é provável que sejam necessárias algumas adaptações.

Para dar seguimento às próximas sugestões, é necessário um melhor entendimento de como planejar e o que exatamente será planejado, visto que se trata de uma equipe de serviços de TIC.

Normalmente, uma equipe de serviços de TIC de nível 3 com foco em sistemas de informação, conforme citado no item 5.2, deve atender a seis tipos de atividades:

- História do usuário.
- Requisições de serviço.
- Incidentes.
- Defeitos.
- Melhorias.
- Problemas.

Requisições de serviços e incidentes são atendidos por ordem de prioridade, mas existem serviços registrados pela própria equipe que possibilitam a melhoria contínua no atendimento, como, por exemplo, a instalação de uma ferramenta de monitoramento ou a atualização de versão de qualquer outra ferramenta.

Esses serviços são priorizados pela própria equipe com o objetivo de atingir o planejamento estratégico, bem como outros tipos de requisições. Sendo assim, seguem mais algumas sugestões na sequência das anteriores, principalmente em relação à cerimônia de planejamento:

- **Atividades de alta prioridade (imediata) devem ser atendidas de forma operacional**, ou seja, não fazem parte do planejamento, devem entrar nas demandas operacionais do dia a dia. Vale salientar que, mesmo não sendo planejada, caso a atividade demore mais que um dia para ser concluída, esta deve estar no *Kanban*.
- **Atividades que não apresentam alto grau de prioridade devem entrar no planejamento da *Sprint*** e ser priorizadas de acordo com o planejamento estratégico da organização e o objetivo do produto em questão. As atividades planejadas devem estar presentes no *Kanban*.

6.3. São necessárias as Reuniões Diárias e de Revisão?

O time (PO, *Scrum Master* e Equipe de Desenvolvimento) deve realizar uma Reunião Diária em pé, conforme sugerido no *Scrum* e por experiência prática, em frente ao *Kanban* com duração entre dez e 15 minutos. Nessa cerimônia, cada membro deve comunicar à equipe o que fez desde a última reunião, o que pretende fazer até a próxima e se possui algum impedimento.[28]

Em virtude do cenário de uma equipe de serviços de TIC ser muito dinâmico, essa cerimônia não deve ter um horário fixo para ser realizada, apenas deve acontecer diariamente e seu tempo de duração deve ser respeitado.

Muitas vezes, na tentativa de convencer uma equipe sobre a importância da Reunião Diária, pode-se ouvir coisas do tipo:

- Que saco, essa reunião não serve para nada.
- Nada a ver fazer isso em pé.

---

[28] Adaptado do livro "Guia do Scrum" desenvolvido e mantido por Ken Schwaber e Jeff Sutherland.

Enfim, isso realmente acontece quando a equipe não conseguiu compreender a grande contribuição que essa reunião oferece para o alcance do seu objetivo: mitigar riscos e remover impedimentos diariamente.

Se não existe a comunicação diária, um dos membros da equipe pode perder um tempo precioso em um impedimento ou dúvida que tem prejudicado a conclusão de sua atividade, sendo que o colega do lado já passou por esse problema e conhece a solução. Em uma rápida conversa o impedimento poderia ser removido.

Em tempo, é importante refletir sobre o conceito de "equipe". As cerimônias do *Scrum* contribuem para o entendimento de que todos possuem o mesmo objetivo!

E a Reunião de Revisão? **Deve ser realizada uma Reunião de Revisão de *Sprints* com a equipe no início de cada nova iteração com foco na estratégia (ponto de controle)**, com duração sugerida de 1 hora. A intenção principal, além de promover a colaboração e o alinhamento, é que todos os membros da equipe saibam se o trabalho realizado está de acordo com o planejamento estratégico. Caso não esteja, todos os membros terão a liberdade de colaborar com novas ideias, com vistas a que o trabalho realizado tome o rumo correto.

A cerimônia também pode ser realizada a cada duas ou três iterações, dependendo do tamanho de cada *Sprint.* Analise seu contexto e adapte da melhor forma. Nunca esqueça: a equipe precisa revisar se está indo na direção da estratégia que foi definida para o serviço de TIC proposto.

O efeito da não realização dessa reunião pode ser perigoso, pois corre-se o risco de não compreender o momento de "pivotar" ou continuar, colocando toda a estratégia em uma situação complicada. O *Scrum* coloca a cerimônia de revisão mais na ideia de validar as novas funcionalidades desenvolvidas junto com o PO. Veja que, nesse caso, estou sugerindo que esse encontro tenha um apelo mais estratégico.

Por fim, ainda sobre a revisão da *Sprint*, sugere-se ainda, devido à necessidade de manter o valor do produto em operação de forma eficiente e eficaz, que sejam monitorados os *feedbacks* dos usuários do produto, no intuito de aplicar a melhoria contínua com a visão de quem utiliza o serviço disponibilizado.

6.4. Métricas são necessárias?

Toda equipe deve possuir métricas a fim de entender se estão próximas de atingir seu objetivo de negócio e também métricas técnicas, como, por exemplo, quanto tempo a equipe gasta com demandas operacionais, para assim ser possível a realização de um planejamento mais coerente com sua realidade. Devido a essa variável de demandas operacionais, as equipes devem trabalhar com o conceito de folga, sugerido no XP. Lembre-se dos artefatos *burndown* e *burnup* (figuras 2 e 3).

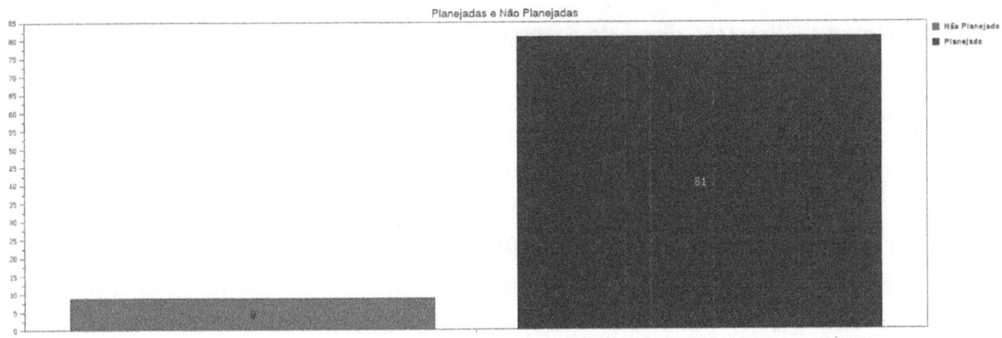

Figura 13. Demanda não planejada x demanda planejada em uma Sprint.

A Figura 13 informa que, durante uma *Sprint*, a equipe executou 81 demandas que foram planejadas desde o início dessa iteração e nove demandas que foram abertas durante a execução da *Sprint*. Convertendo essa informação em percentual, seria 90% de demandas planejadas e 10% de não planejadas, e, com isso, a equipe poderia trabalhar com 10% de folga. No entanto, avalie outras iterações também e considere eventos sazonais para ter mais certeza desse percentual.

As figuras que seguem, 14, 15 e 16, ilustram melhor o que cada equipe pode apresentar nesse momento, além do que já foi produzido, sendo fundamental que as equipes apresentem indicadores de gestão.

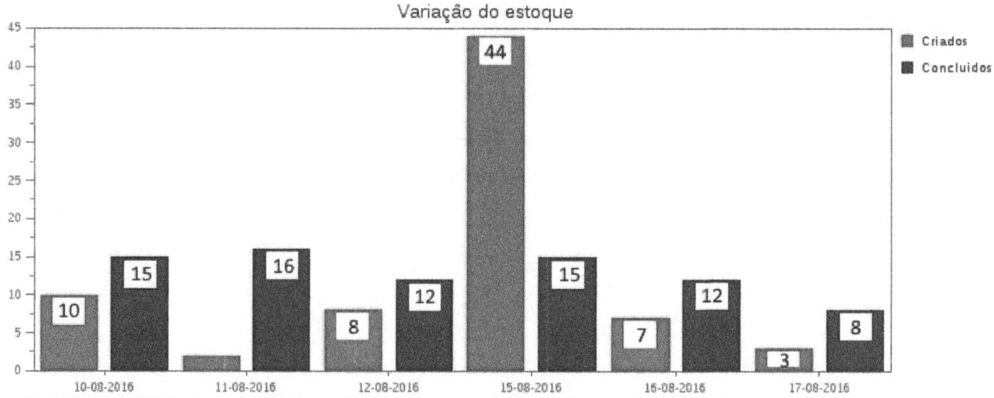

Figura 14. Variação diária de chamados abertos x chamados concluídos.

O gráfico anterior (Figura 14) deve ser acompanhado diariamente pela equipe, no sentido de entender se a sua capacidade de atendimento está adequada para sua real demanda de suporte. Afinal, na prática, o gráfico informa a demanda requisitada e a demanda concluída por dia. Sua análise, na Reunião de Revisão de *Sprints,* deve ser realizada considerando não apenas dias, mas meses. Assim, é possível adequar as equipes ao tamanho ideal, com vistas a suprir a necessidade operacional do serviço.

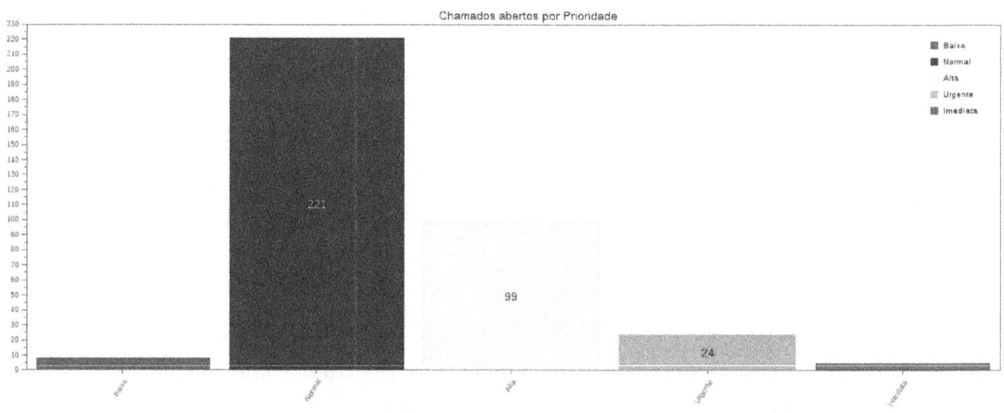

Figura 15. Número de chamados abertos por prioridade.

A ilustração apresentada na Figura 15 é importante para avaliação das filas por prioridade, sendo dividida em cinco grupos de chamados de prioridades, ou seja:

- Imediata.
- Urgente.
- Alta.
- Normal.
- Baixa.

A execução do trabalho das equipes deve ser organizada por ordem de prioridade, observando que quanto maior for a prioridade maior será o impacto para o negócio.

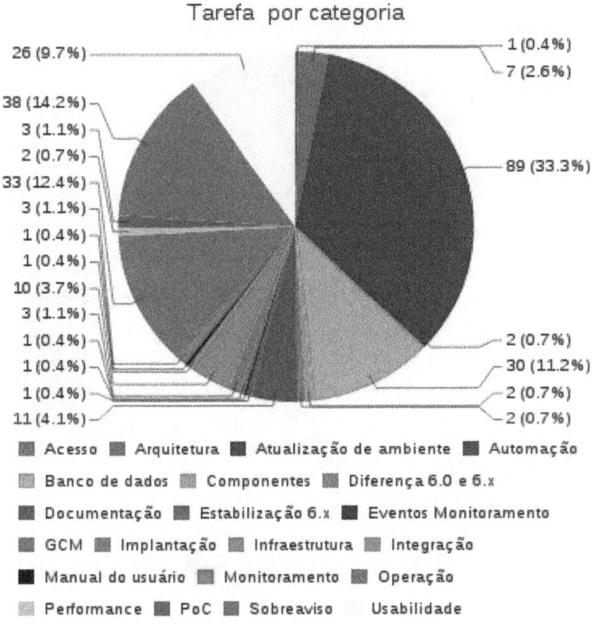

Figura 16. Chamados por categoria.

Como trabalhar melhoria contínua se não conheço os meus números? Os gráficos apresentados são apenas exemplos da necessidade de as equipes controlarem seus indicadores de produção e qualidade, assim como trazê-los para debate na reunião de revisão, de forma a compartilhar ideias e sugestões de melhorias no processo.

A Figura 16 demonstra as requisições de serviço resolvidas por tipo. Essa visão pode apoiar no entendimento sobre se a equipe tem conseguido trabalhar de acordo com o seu objetivo ou foco definido. Às vezes, por mais que seja realizado um planejamento, as equipes são surpreendidas com demandas inesperadas, tendo seu objetivo prejudicado.

Em tempo, por que não ser transparente em relação à produção de todas as equipes? Afinal, todos podem colaborar com todos, essa é a ideia. Cada equipe pode ter uma experiência diferente, ter passado por desafios que outros times ainda não vivenciaram. A Figura 17, que segue, apresenta a informação da produção por equipe, dividida por tipo de chamado em relação a uma iteração.

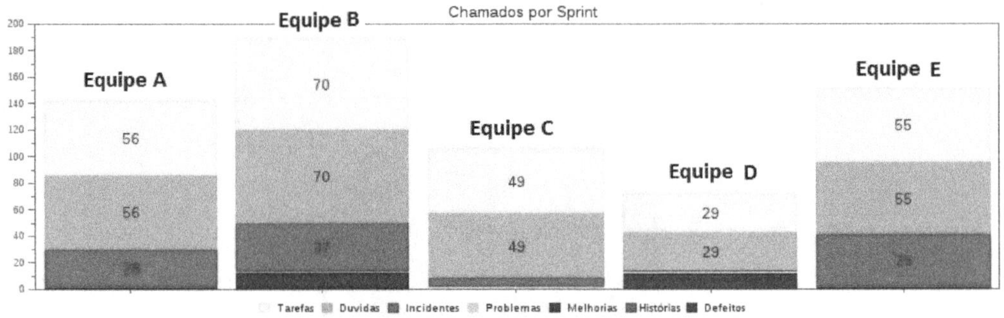

Figura 17. Produtividade por equipe e Sprint.

Dito isso, sugere-se mais uma das cerimônias. Existe um conceito que, apesar de ser comentado, ainda não foi devidamente esclarecido – trata-se da melhoria continuada do trabalho realizado.

6.5. Melhoria continuada, como implementar?

Em um dos pilares do *Scrum*, a adaptação, a equipe precisa ser transparente para que na inspeção possa encontrar os pontos falhos e, a partir destes, ter a capacidade de se adaptar para, assim, melhorar de forma contínua. Uma das etapas da ITIL®, Melhoria Continuada de Serviço, também se refere à necessidade de sempre estar melhorando.

Talvez uma das grandes vantagens da união de gestão de serviços de TIC com algumas práticas ágeis esteja na promoção da colaboração, ou seja, **não existe uma pessoa responsável pela melhoria contínua do trabalho, e sim todos os membros da equipe**, os quais apresentam o mesmo grau de responsabilidade por melhorar continuamente todos os serviços prestados, pois as práticas ágeis incentivam a colaboração e isso acelera a melhoria continuada.

Pela importância destacada no parágrafo anterior, sugere-se que:

- Devido ao dinamismo das equipes de serviço e, por consequência, à dificuldade de realizar uma reunião com todos durante um tempo considerável, **a equipe deve montar um quadro de lições aprendidas**, onde deve ser possível colocar pontos positivos e negativos por meio de papéis adesivos, lançando-os no quadro a qualquer momento, de modo a ficar visível para todas as equipes.
- **O quadro de lições aprendidas deve ter quatro colunas**: peso (1 a 3 para pontos fortes e -1 a -3 para pontos fracos); ponto forte ou fraco; causa-raiz; e plano de ação, sendo que qualquer uma das colunas pode ter uma atividade lançada a qualquer momento.
- **Deve ser realizada uma revisão do quadro de lições aprendidas no intervalo máximo de duas *Sprints***, ou seja, a equipe pode realizar a revisão a qualquer momento, mas não deve demorar mais do que duas *Sprints* para realizar essa retrospectiva. Nessa revisão, serão analisados e discutidos brevemente os pontos em destaque, e, em comum acordo, será definido o plano de ação necessário para solução destes. Cada plano de ação definido deve ser transformado em atividades planejáveis que farão parte do *Kanban* da equipe. Essa cerimônia deve ter duração máxima de duas horas e pode ser realizada em frente ao quadro de lições aprendidas.

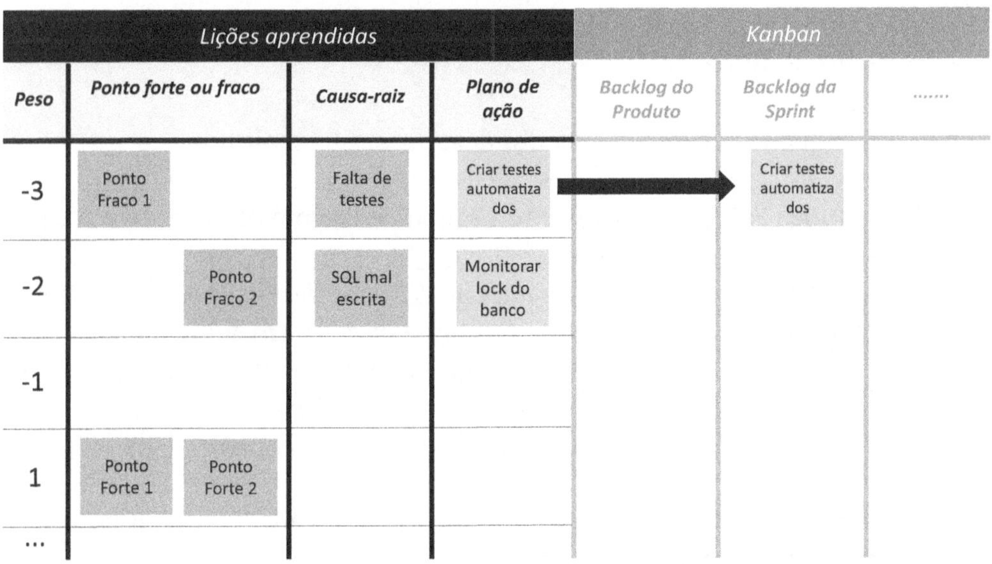

Figura 18. Quadro de lições aprendidas.

A figura anterior apresenta um exemplo de acordo com o que foi descrito nos itens supracitados.

Com essas últimas sugestões, conclui-se a proposta de como as equipes podem trabalhar com grande foco no time, na união, no trabalho em equipe e na promoção da colaboração entre todos os membros. Eis o foco e a inspiração para a busca da excelência.

6.6. Um pequeno resumo

O grande objetivo dessas propostas está na tentativa de seguir os valores ágeis, ou seja, ser ágil e não apenas seguir suas práticas. Obviamente, deve existir um elo entre os conceitos aqui apresentados e o contexto atual de sua organização, de forma que possibilite a união desses a fim de melhorar a realidade do trabalho.

Lembre-se de que o *framework* supracitado é uma sugestão de como desenvolver sistemas de informação orientados por serviços seguindo práticas definidas em gestão de serviços de TIC e em metodologias ágeis. No entanto, é fundamental compreender a necessidade de analisar o seu contexto ou cenário onde o seu produto está envolvido. Com essa compreensão, aliada ao entendimento dos objetivos de unir os dois métodos, você certamente deve obter sucesso na construção do seu processo de trabalho com base nas práticas citadas neste livro.

Segue um pequeno resumo do que foi descrito neste capítulo:

1. O time (PO, *Scrum Master* e Equipe de Desenvolvimento) deve possuir um quadro *Kanban*.
2. Somente devem ser colocadas no *Kanban* atividades que demorem mais de um dia de trabalho (8 horas) para serem solucionadas.
3. O time (PO, *Scrum Master* e Equipe de Desenvolvimento) deve trabalhar em *Sprints* (conforme sugerido no *Scrum*).
4. A equipe deve realizar o planejamento da sua *Sprint* no primeiro dia da iteração.
5. Atividades de alta prioridade (imediata) devem ser atendidas de forma operacional.

6. Atividades que não apresentam alto grau de prioridade devem entrar no planejamento da *Sprint*.
7. O time (PO, *Scrum Master* e Equipe de Desenvolvimento) deve realizar uma Reunião Diária.
8. Deve ser realizada uma Reunião de Revisão de *Sprints* com a equipe no início de cada nova iteração com foco na estratégia (ponto de controle).
9. Toda a equipe deve possuir métricas.
10. Não deve existir apenas uma pessoa responsável pela melhoria contínua do trabalho. Todos os membros da equipe são responsáveis.
11. A equipe deve montar um quadro de lições aprendidas.
12. O quadro de lições aprendidas deve ter quatro colunas.
13. Deve ser realizada uma revisão do quadro de lições aprendidas no intervalo máximo de duas *Sprints*.

7. Conclusão

Este livro não teve a pretensão de descrever mais uma de tantas metodologias existentes no ambiente de tecnologia da informação e seus "afluentes", mas, sim, de fazer o leitor refletir detidamente sobre a possibilidade de sistemas de informação serem geridos como serviço, incluindo boas práticas ágeis.

Todo o conteúdo exposto no desenvolvimento do livro teve como base a experiência em aplicações práticas que pude presenciar e com as quais estive plenamente envolvido com grandes equipes, em projetos de alta complexidade, ou seja, foi relatada aqui uma experiência de alguns anos trabalhando software como serviço.

Independentemente das práticas escolhidas para gestão de programas, projetos ou serviços, nunca esqueça de olhar para os objetivos destes, pois, no final, é isso o que realmente importa. O que você considera um planejamento bem feito? Simples, é aquele que gera resultado.

Além disso, a capacidade de formar "equipes" é uma necessidade para o sucesso de tudo que foi escrito nos capítulos anteriores. Arrisco a afirmar que a construção de verdadeiros times é a chave mestra do sucesso para qualquer tipo de projeto. Não esqueça que o coletivo fortalece o individual, essa é uma certeza.

Acredite nas equipes, nas pessoas, ofereça oportunidade para que cada um mostre sua capacidade, deixe que todos entendam o seu valor dentro de sua empresa. Forme novas lideranças sempre e verá que os resultados serão apenas consequência dessa postura. Por fim, espero que o conteúdo deste livro tenha agregado valor à sua experiência profissional.

Bibliografia

APPELO, J. **Management 3.0:** leading agile developers, developing agile leaders. Upper Saddle River: NJ: Addison-Wesley, 2011.

ATLASSIAN. **Bamboo.** Site. Disponível em: <https://www.atlassian.com/software/bamboo>. Acesso em: 18 out. 2017.

BECK, K. et al. **Manifesto for Agile Software Development.** Disponível em: <http://agilemanifesto.org>. Acesso em: 18 out. 2017.

BENNIS, W. **Changing Organizations.** New York, NY: McGraw-Hill, 1966.

BOEG, J. **Priming Kanban:** a 10 step guide to optimizing flow in your software delivery system. Denmark: Chronografisk A/S, 2011.

BON, J. v. **IT Service Management:** an introduction. Zaltbommer: Van Haren Publishing, 2002.

CABINET OFFICE. **Continual Service Improvement.** The Stationery Office, 2011f.

CABINET OFFICE. **Management of Risk:** guidance for practitioners. The Stationery Office, 2010.

CABINET OFFICE. **Service Design.** The Stationery Office, 2011c.

CABINET OFFICE. **Service Operation.** The Stationery Office, 2011e.

CABINET OFFICE. **Service Strategy.** The Stationery Office, 2011b.

CABINET OFFICE. **Service Transition.** The Stationery Office, 2011d.

CABINET OFFICE. **The Introdution to the ITIL Lifecycle.** The Stationery Office, 2011a.

FREITAS, M. **Fundamentos do Gerenciamento de Serviços de TI:** preparatório para a certificação ITIL® Foundation edição 2011. 2.ed. Rio de Janeiro: Brasport, 2013.

HERZBERG, F. **Managerial Choice:** to be efficient and to be human. New York: Dow-Jones Irwin, 1959.

JENKINS. Site. Disponível em: <https://jenkins.io/>. Acesso em: 19 out. 2017.

KNIBERG, H. **Scrum e XP Direto das Trincheiras:** como nós fazemos Scrum. C4Media Inc., 2007.

MAGEE, D. **How Toyota Became #1:** leadership lessons from the world's greatest car company. New York: Penguin Group, 2007.

MASLOW, A. A theory of human motivation. **Psychology Review**, n. 50, p. 370-396, 1943.

MAYO, E. **The Human Problems of an Industrial Civilization.** New York: Viking Compass Edition, 1968.

RASMUSSON, J. **The Agile Samurai:** how agile masters deliver great software. Raleigh, NC; Dallas, TX: The Pragmatic Bookshelf, 2010.

SCHEIN, E. H. **Organizational Psychology.** Englewood Cliffs: Prentice-Hall, 1965.

SCHWABER, K.; SUTHERLAND, J. **Guia do Scrum:** um guia definitivo para o Scrum – as regras do jogo. 2013. Disponível em <http://www.scrumguides.org/docs/scrumguide/v1/Scrum-Guide-Portuguese-BR.pdf>. Acesso em: 19 out. 2017.

SKARIN, M.; KNIBERG, H. **Kanban e Scrum:** obtendo o melhor de ambos. C4Media Inc., 2009.

TAYLOR, F. W. **The Principles of Scientific Management.** New York: W. W. Norton & Co., 1911.

VROOM, V. H. **Work and Motivation.** New York: John Wiley, 1964.

WELLS, D. **Extreme Programming:** a gentle introduction. Disponível em: <http://extremeprogramming.org>. Acesso em: 18 out. 2017.